HEYNE BÜCHER

ESOTERISCHES WISSEN

Herausgeber dieser Reihe Michael Görden

Dane Rudhyar

Die zehn kosmischen Chancen

Esoterische Astrologie: Wie wir die planetaren Einflüsse nutzen und verstehen können

Deutsche Erstausgabe

WILHELM HEYNE VERLAG
MÜNCHEN

HEYNE ESOTERISCHES WISSEN
08/9587

Aus dem Amerikanischen übertragen
von Eluan Ghazal

Titel der Originalausgabe:
AN ASTROLOGICAL TRYPTICH
erschienen bei Aurora Press, Santa Fe

Published by arrangement with Aurora Press, Santa Fe

Printed in Germany 1993
Umschlaggestaltung: Atelier Adolf Bachmann, Reischach
Umschlagillustration: Dane Rudhyar
Satz: Compusatz GmbH, München
Druck und Bindung: Presse-Druck, Augsburg
ISBN 3-453-06084-9

Inhalt

Vorwort*

Zum ersten Mal ist das Material für dieses Buch in Form einer Artikelserie in der Zeitschrift der amerikanischen Astrologie erschienen (von 1945–1949). Diese drei Artikelserien trugen damals die Titel: *Geschenke des Geistes, Der Weg der Überwindung* und *Der Erleuchtete Weg*. Das erste Kapitel wurde in der Nähe von Palm Springs, in der kalifornischen Wüste geschrieben, und zwar Anfang Herbst 1944, in einer Zeit, als ich eine weitreichende Entscheidung treffen mußte, die mein Leben veränderte und mich in einen ungeheuer kreativen Lebensabschnitt führte. Doch der Großteil dieses Buches wurde in den Staaten Nevada, Colorado und New Mexico geschrieben und für die Publikation noch einmal gründlich überarbeitet.

Der Inhalt des vorliegenden Bandes wurde von Tausenden von Menschen gelesen, nachdem es von Servire in Holland in einer Zeit heftiger spiritueller Gärung und eines weltweiten Jugendprotestes veröffentlicht worden war. Noch viel mehr Menschen hatten die erste Artikelserie in jener populären Astrologiezeitschrift überflogen oder auch sorgfältig gelesen; sie erreichte ca. 200 000 bis 300 000 Männer und Frauen der Nachkriegszeit, die inzwischen als die ›besten Jahre‹ unseres Landes bezeichnet wird. Während dieser Jahre erhielt

* Zur besseren Verständlichkeit entnommen aus Rudhyar ›Die zwölf kosmischen Gaben‹ (Heyne Taschenbuch 08/9561).

ich viele anerkennende Briefe, und in der letzten Zeit sind weitere begeisterte Kommentare, meist von jungen Menschen, gekommen. Dennoch mußte ich mich manchmal fragen, wieviel meine so begeisterten und offenbar sehr bewegten Leser von dem verstanden hatten, was ich ihnen zu vermitteln suchte. Ich fragte mich, ob sie auf den inspirierenden Stil der Darstellung nur *reagierten*, dabei aber im großen und ganzen den äußerst praktischen und auch transformierbaren Inhalt dieses Buches übersahen, soweit er ihr tägliches Leben und die Qualität ihrer individuellen Erfahrungen und zwischenmenschlichen Beziehungen betraf.

Das ist natürlich die Gefahr, die einer symbolischen und poetischen Darstellung von Ideen und Bildern innewohnt, die die Möglichkeit der Selbsttransformation in sich tragen. Eine solche Darstellungsweise kann eine große *Gefühls*wärme hervorrufen, die auf irgendeine Weise psychische Fenster zu öffnen und einen Windhauch spiritueller Luft einzulassen scheint. Man atmet ihn gerne ein, aber das Ego, das in einem Lehnstuhl neben einem offenen Kamin seine Spiele spielt, beharrt darauf, daß das Fenster sofort geschlossen werden muß, da ansonsten die kostspielige Hitze des Raumes verlorengehe.

Gefühle allein können keine solide Basis für den Aufbau eines neuen Lebens sein, nicht einmal für stetige Übung, die bei der Entwicklung schlummernder Fähigkeiten helfen soll. Wirklich informative Bilder der wichtigen Aspekte dessen, was man vollenden will, sollten im Bewußtsein Gestalt annehmen. Diese Bilder sollten mehr leisten, als ›Gefühle‹ zu erwecken. Sie sollten den Inhalt des Geistes nach und nach repolarisieren, die Bilder der Vorstellungen und des Verhaltens ersetzen, die das Kind bei seiner Geburt erbte und die dem Jugendlichen unablässig ins Bewußtsein geprägt werden. Solche Bilder sind Manifestationen der großen Symbole, die die Seele einer Kultur darstellen. Von ihnen werden standardisierte Verhaltensweisen bei jeweils verschiedenen Umständen abgeleitet, ferner annehmbare Gefühle angesichts neuer Beziehungen, Konflikte und Gelegenheiten, und schließlich die Gedankenabfolgen entsprechend den Regeln der Logik und der Vernunft.

Wenn ein Individuum ›den Weg betritt‹, ist sie oder er zum erstenmal mit der Notwendigkeit konfrontiert, all diese überlieferten Grundannahmen bewußt und objektiv zu überprüfen. Eine solche Person muß seine oder ihre Reaktionen auf das alltägliche Leben aufmerksam und ausdauernd betrachten – vielmehr noch entscheidendere und auffallendere Ereignisse, die sein oder ihr Ego zutiefst aufwühlen und herausfordern. Ein Individuum kann dies allein oder unter dem wachsamen Auge und der Führung irgendeines *Guru* oder eines *Beichtspiegels* tun (im Falle eines Katholiken).

Heute gibt es viele Bücher, die den Anspruch erheben, Menschen zu helfen, die mehr oder weniger bewußt oder unter dem Druck krisenhafter Umstände die größte und gefährlichste aller ›Reisen‹ begonnen haben – jene Reise, die den Reisenden letztendlich nicht nur *durch* Regionen menschlicher Erfahrung führt, die seinen Mitmenschen innerhalb einer bestimmten gesellschaftlich-kulturellen Umgebung vollkommen fremd sind, sondern sogar *jenseits* der Grenzen, innerhalb derer ein solcher Mensch und seine oder ihre Kultur die Fähigkeit der menschlichen Natur vermuten.

Viele Lehren und Disziplinen, viele Landkarten haben versprochen, Hindernisse und Möglichkeiten auf dem Weg zu zeigen – und haben, was noch weitaus verwirrender ist, dem Suchenden verschiedene Vorstellungen von dem Zweck der Reise und dem Ergebnis, das am Ende auf den erfolgreichen (oder erfolglosen) Pilger wartet, angeboten oder aufgezwungen.

In seinem jetzigen Zustand ist das *astrologische Triptychon** ein Versuch, eine dreifache Reihe von Bildern, Symbolen und mehr oder weniger neuen Ideen vorzulegen. Sie sind für Leser bestimmt, die sich entweder für potentielle Reisende halten oder aber erkennen, daß sie bereits in Bewegung sind, aber nicht genau wissen, was ihre Entscheidung zum Aufbruch oder der Zustand des Weges für sie beinhaltet. Es ist eine dreifache Reihe, da eine Auseinandersetzung mit drei grundlegenden Bedingungen notwendig ist, falls die Reise erfolgreich fortgeführt werden soll.

Die erste Bedingung ist, daß das Individuum nicht nur seine oder ihre Beschränkungen und Funktionsweisen *(dharma)* in dem Sinnzusammenhang akzeptieren sollte, in dem er oder sie geboren wurde, vielmehr sollten die Individuen auch für spirituelle Einflüsse offenbleiben, die das harmonisieren und ergänzen, was diese Funktionsweise ganz unausweichlich überbetont.

Die zweite Bedingung ist, daß der Reisende nun erkennen sollte, daß er einen Transformationsprozeß begonnen hat, der eine vollkommene Verlagerung der Ebenen und eine Neuzentrierung seines Bewußtseins, seiner Emotionen und der Fähigkeit zu zwischenmenschlichen Beziehungen beinhaltet. Von der Ebene der Biosphäre, dem Reich der *biologisch-psychologischen Natur* geht er zu dem einer *psychomentalen Übernatur* über. Eine solche Verlagerung von einer Ebene der Existenz, der Aktivitäten des Bewußtseins in die nächste erzeugt unausweichlich Krisen. Der Reisende inter-

---

* Dieses ›Triptychon‹ erscheint im W. Heyne Verlag in drei Büchern mit den Titeln ›Die zwölf kosmischen Gaben‹ (08/9561), ›Die zwölf kosmischen Prüfungen‹ (08/9570) und ›Die zehn kosmischen Chancen‹ (08/9587).

pretiert sie als Prüfungen, da sein Bewußtsein noch immer durch die Vorstellung der schulischen Erziehung und des Übergangs von einer Klasse in die nächstfolgende bestimmt ist. Im wesentlichen ist es das Leben, das diese Prüfungen abhält, aber wenn der Reisende sich bemüht, die Geschwindigkeit der Reise zu beschleunigen, so wird er aller Wahrscheinlichkeit nach psychische und geistige Widerstände hervorrufen. Wenn die Beschleunigung heftig war und *absichtlich* erfolgte, so können diese Widerstände sehr ausgeprägt sein und die Form äußerlicher bedrohlicher Hindernisse oder ungewöhnlich intensiver Herausforderungen annehmen.

Die dritte Bedingung bezieht sich auf die Entwicklung eines holistischen und wirklich objektiven Zugangs zum gesamten Prozeß der Evolution, ferner auch auf die Entwicklung einer Vorstellungskraft, die noch unausgereifte Vorgefühle über die Ergebnisse am Ende der Reise in tief bedeutsame und inspirierende Bilder zu übersetzen vermag, die aufgrund ihrer Orientierung an kosmischen Prinzipien und Archetypen universelle Gültigkeit besitzen.

Solche Bilder sollten nur als Symbole betrachtet werden, auf der gesellschaftlichen Ebene können wir von ›Utopien‹ sprechen. Sie ermöglichen es dem Reisenden, eine in sich schlüssige Karte der Reise zu erstellen und Krisen und Möglichkeiten im Sinne eines unpersönlichen und unemotionalen Bezugsrahmen zu verstehen. Dieser Bezugsrahmen muß sich ausweiten können, wenn sich der Geltungsbereich der Vision erweitert, und die Erfahrung ist dabei eine Garantie gegen wilde labyrinthische Wanderungen und emotionale Niedergeschlagenheit.

Was wir als Astrologie bezeichnen, ist eine Methode, einen in sich schlüssigen Bezugsrahmen für alle Arten von Aktivität zu schaffen, denen menschliche Wesen

Tag für Tag und Jahr für Jahr in ihrem Leben begegnen. Das war die Funktion der Astrologie selbst in ihrem primitivsten Zustand. Da das menschliche Leben im allgemeinen meist durch die Existenzbedingungen in der Biosphäre und durch äußere Kraft beherrscht wurde, über die der Mensch keine Kontrolle zu haben schien, hat sich die Astrologie hauptsächlich mit physisch erfahrbaren Geschehnissen und Erwartungen von kollektiven nationalen Ereignissen oder persönlichen Veränderungen beschäftigt. Aber es hat immer eine Art okkulter oder heiliger, religiöser oder ›theurgischer‹ Astrologie gegeben, die einen Bezugsrahmen für die Möglichkeit des Kontaktes zwischen Göttern und Menschen schaffen sollte, das heißt zwischen einer göttlichen Existenzweise und den verwirrten Strebungen menschlicher Wesen, die zu Empfängern der Kraft himmlischer Wesen werden wollten.

Die Astrologie wurde ›Mutter aller Wissenschaften‹ genannt, und ihre Symbole waren ein integraler Teil der meisten Religionen, entweder in reiner oder in verkleideter Form, denn sie stellte mit Sicherheit den ersten Versuch des Menschen dar, die Ordnung systematisch zu interpretieren, die er im Ablauf der Naturerscheinungen und in den wechselseitigen Beziehungen verspürte, die alle Teile integrierter Lebensprozesse miteinander verbanden. Die Tiere leben nach dieser Ordnung der Natur und entsprechend der unveränderlichen Rhythmen der Tage und Jahreszeiten, aber sie tun es zwanghaft, und soweit wir wissen, ohne das von uns so bezeichnete objektive Bewußtsein. Menschliche Wesen dagegen haben die Fähigkeit, ein Bewußtsein zu entwickeln, mit dem sie inneren Impulsen folgen und auf äußere Reize in einer Weise reagieren können, die sie den Zwang der Instinkte entweder ignorieren oder transzendieren läßt.

Der Mensch hat das, was wir als freien Willen bezeichnen, und das ist sowohl ein Fluch als auch ein Segen. Da er nicht unbewußt dazu getrieben wird, entsprechend der Naturordnung zu handeln (außer in einigen rein biologischen Bereichen, über die er praktisch keine Kontrolle hat), kann er eine chaotische Existenz führen. Diese Möglichkeit ist manchmal so gefährlich und meistens so verwirrend, daß dadurch eine grundlegende Unsicherheit entsteht. Deshalb fühlten sich alle organisierten menschlichen Gesellschaften nicht nur dazu veranlaßt, Ordnungssysteme zu erschaffen (Tabus, Gesetze, Verordnungen), sondern diesen Systemen auch eine religiöse und kosmische Sanktionierung zu verleihen. So wurde behauptet (und auch geglaubt), daß diese Systeme die geheimnisvolle, aber unbesiegbare Ordnung des Universums widerspiegelten. Alle Wissenschaften sind Versuche, diese universelle Ordnung der Natur zu verstehen; und alle Techniken und Technologien sind mehr oder weniger schlüssige und unermüdliche Unternehmungen, Prinzipien oder Gesetze anzuwenden, die auf die eine oder andere Weise von einem solchen Verständnis abgeleitet werden können.

Astrologie ist die ›Mutter aller Wissenschaften‹, weil sie in der offensichtlichsten und universellsten Erfahrung der Ordnung wurzelt, die das menschliche Leben auf dieser Erde bestimmt – es ist die Ordnung, die sich aus den periodischen Bewegungen von Sonne, Mond, Sternen und Planeten ableitet. Niemand kann die Tatsache leugnen, daß diese Ordnung existiert. Zuerst wurde sie durch Sonnenuhren und später durch mechanische Uhren gemessen. Daraus haben wir unsere Vorstellung der *objektiven* Zeit abgeleitet. Und auf diese Weise können wir unsere gesellschaftlichen und persönlichen Aktivitäten effektiv und präzise so einteilen, daß unsere Effizienz und Sicherheit maximiert wird, vor allem, wenn wir nicht mehr vollständig durch die inneren Rhythmen und die biologischen Instinkte getrieben werden, und wenn wir unsere Energien kollektiv oder individuell einsetzen, um nicht-biologische, intellektuelle oder idealistische Ziele zu verfolgen.

Wenn die Aktivitäten der Menschheit einmal im Sinne solcher Ziele stattfinden, so ist die Astrologie unausweichlich zu einem in sich schlüssigen Symbolsystem geworden. Sie verwendet die sichtbare Ordnung, die durch die regelmäßigen Bewegungen der Himmelskörper dargestellt wird, als einen Archetypus, ein kosmisches Modell, um die effektivste Art und Weise zu bestimmen, wie menschliche Wesen ihr Leben in einem zunehmend künstlichen und schließlich transzendenten Bezugsrahmen sinnvoll ordnen können. Und dann kann die Astrologie verwendet werden, um menschlichen Wesen mitzuteilen, wie sie am besten die Möglichkeiten, die in ihrem Wesen liegen, ausschöpfen, und auf diese Art und Weise eine erfülltere und gesichertere Existenz führen können.

Wenn menschliche Wesen den inneren Drang verspüren, den Weg radikaler Transformation zu betreten, der sie, wenn alles gutgeht, zu einer übermenschlichen Ebene des Bewußtseins und der Aktivität führen wird, so brauchen sie auf dieser unsicheren und gefährlichen Reise, die sie unternehmen wollen, mehr als jemals zuvor bestimmte Ordnungsmuster. Die Astrologie kann dem Suchenden zumindest einige höchst relevante Wegweiser liefern. Aber es muß eine Art der Astrologie sein, die die alten Symbole entweder in einer Weise verwendet, die ein neues Licht auf die natürlichen Erfahrungen des menschlichen Lebens auf der Ebene der gesellschaftlichen Aktivität oder der Biosphäre wirft, oder diese Astrologie muß völlig neue

Symbole verwenden, die allerdings für die unvertrauten Erfahrungen ›auf dem Weg‹ relevant sind.

In den letzten Jahren habe ich von einer ›transpersönlichen‹ Art der Astrologie gesprochen.* Aber viel von dem, was ich in diesem Zusammenhang schrieb, war auch in viel älteren Büchern bereits angelegt und wurde in dieser Reihe, vor allem im dritten Teil *Der Erleuchtete Weg* (›Die zehn kosmischen Chancen‹) ausgeführt. Die beiden ersten Abschnitte *Geschenke des Geistes* (›Die zwölf kosmischen Gaben‹) und *Der Weg der Überwindung* (›Die zwölf kosmischen Prüfungen‹) sollen die praktischen Angelegenheiten verdeutlichen, die sich auf das persönliche Leben eines jeden Menschen beziehen, der oder die sich einer fundamentalen Transformation seines oder ihres Wesens unterziehen will. Trotz seiner scheinbar poetischen und manchmal sogar mystischen Stellen befaßt sich *die ganze Reihe* tatsächlich mit Themen, die für viele Menschen heute durchaus *praktisch* und zeitweise sogar quälend sind.

Diese Themen und die Probleme, die damit verbunden sind, werden oft in symbolischen Ausdrücken beschrieben, die universelle Gültigkeit haben. Die Symbole entnehme ich dabei der astrologischen Überlieferung. Jeder, der sich damit auskennt, wird erkennen, daß sich *der erste* Teil dieser Reihe auf eine neue Weise mit den Sternzeichen befaßt, *der zweite* mit den Häusern als den zwölf Federn individueller Erfahrung und *der dritte* mit der Reihe der Planeten in ihrer heliozentrischen Ordnung. Die Symbole sind astrologisch, aber sie sind insofern auch ›trans-astrologisch‹, als sie im Sinne eines transpersonalen Bezugsrahmens verwendet werden. Das bedeutet nicht, daß sie weniger

---

* Vor allem in meinem Buch *Auch die Sonne ist ein Stern*, New York, 1975, und in dem kleineren Band *Von der humanistischen zur transpersonalen Astrologie*, Palo Alto, 1975.

praktisch sind, sondern vielmehr, daß sie sich auf eine Art auf die Praxis beziehen, die jenseits der gewöhnlichen Sorgen der meisten menschlichen Wesen unserer gegenwärtigen Welt liegen, vor allem in den Vereinigten Staaten, wo man persönlichen Anliegen eine außerordentliche Bedeutung verleiht. Manche Astrologen hegen die Hoffnung, daß sie junge Klienten, die aus ihren verwirrten Versuchen, ein ›New-Age‹-Leben zu führen, viele Fragen entwickelt haben, intelligent und mitfühlend beraten haben. Dafür gibt es in der vorliegenden Reihe reichlich Material, mit dem die Daten, die sich aus den drei Hauptfaktoren der heutigen Astrologie – dem Tierkreis, den Häusern und den Planeten – ergeben, auf einer transzendenten Ebene neu interpretiert werden können.

Im folgenden versuche ich, den Beitrag *eines jeden der drei Teile* zum Ganzen wie auch den bestmöglichen Zugang zum jeweiligen Inhalt so deutlich wie möglich zu machen.

Geschenke des Geistes

Dieser erste Teil befaßt sich auf den ersten Blick nur mit den Merkmalen, die einem jeden Tierkreiszeichen zugeordnet werden. Aber wenn man die Einleitung ›Der Geist und die menschlichen Bedürfnisse‹ sorgfältig liest, wird bereits deutlich, daß hier etwas betrachtet wird, das sich ganz grundlegend von dem Material unterscheidet, das in der typischen Sonnenzeichenastrologie vorgelegt wird. Es werden zwei grundlegende Erkenntnisse geäußert, die sich auf den eigentlichen Inhalt des menschlichen Lebens beziehen, und ich möchte jetzt diesen Inhalt im wesentlichen klären, bevor er dann im Detail erörtert wird.

Als erstes müssen wir erkennen, daß ein individuelles Zentrum der Aktivität und des Bewußtseins bei seiner Verkörperung in einem menschlichen Organismus durch den Zeitpunkt des Jahres (das heißt die Beziehung zwischen Erde und Sonne) *bestimmt* wird, an dem die Geburt stattfand. Dieser Zeitfaktor kann mit Hilfe der *zwölf Kategorien organischer Reaktionen* interpretiert werden, in die sich die einheitliche Kraft des Lebens (*Prana* in Indien, *Chi* in China) aufteilt. In der astrologischen Symbolik wird sie durch die Sonne dargestellt – und in zweiter Linie durch den Mond, der diese Sonnenkraft so verteilt, wie es der Organismus für seine täglichen Bedürfnisse braucht. Diese zwölf Kategorien organischer Reaktionen müssen ebensosehr auf der bio-psychischen wie auch auf der nur physisch-stofflichen Ebene verstanden werden. Sie definieren das, was wir als die zwölf grundlegenden Temperamente oder Typen von Menschen bezeichnen.

Ein ›Typus‹ entsteht dadurch, daß eine bestimmte Reaktionsweise durch den totalen Organismus der Personen, die zu diesem Typus gehören, am leichtesten und wirksamsten erzeugt wird. Die Vertreter eines jeden Typus haben die ›natürliche‹ Neigung, in einer bestimmten Situation auf bestimmte Weise zu agieren, und sie tun es, weil sie durch eine bestimmte Energieform angetrieben werden – eine von zwölf grundlegenden Differenzierungen der Sonnenkraft. Das resultiert wiederum in einer bestimmten Art von Gefühlen und einer mentalen Art von Prozessen, die die Menschen dieses Typus charakterisieren. Aber das bedeutet *nicht*, daß jedes Individuum *ausschließlich* zu einem Typus gehört. Astrologisch gesprochen wirken alle zwölf Zeichen des Tierkreises (alle zwölf Typen der Beziehung des irdischen Lebens zur Quelle der Lebenskraft, der Sonne) in der menschlichen Natur. Jedes menschliche

Wesen nimmt an allem teil, was in der menschlichen Natur als Ganzes vorhanden ist, ganz einfach deshalb, weil er oder sie *menschlich* ist; aber er oder sie nimmt an diesem umfassenden menschlichen Potential in verschiedenen Graden teil. Deshalb hat alles, was in bezug auf jeden einzelnen der zwölf Typen gesagt werden kann, eine potentielle Bedeutung für alle menschlichen Wesen, jeder Persönlichkeitstypus kann daher auch seine weniger entwickelten Fähigkeiten des Handelns, Fühlens und Denkens in Menschen anderer Typen wiederfinden.

Dies ist allerdings nur ein Aspekt der Situation. Ein anderer Aspekt ist ebenfalls sehr wichtig, wenn auch schwerer verständlich für die Menschen des Westens, die nicht daran gewöhnt sind, in metaphysischen und ›ganzheitlichen‹ Begriffen zu denken.

Ich möchte es so einfach wie möglich sagen: Wenn wir an einen lebenden Organismus denken, so sollten wir ihn zuallererst als *ein Ganzes* an Handlungen betrachten. Die Ganzheit des Organismus ist der erste Faktor. Die Teile differenzieren sich aus diesem Ganzen heraus, um besondere funktionale Fähigkeiten zu entwickeln, aber das Ganze bleibt mit all seinen vielen Teilen sozusagen die umfassende Hülle. *Das Ganze bleibt auf einer Ebene erhalten, die die Aktivitäten der verschiedenen Teile sowohl transzendiert als auch in sich enthält.*

Wenn wir die Entwicklung eines menschlichen Körpers untersuchen, so finden wir, daß die Billionen von Zellen, die er enthält, nur Differenzierungen des ursprünglichen befruchteten Eies sind. Und nun teilt uns der Biologe mit, daß der genetische Code, der diese ursprüngliche Zelle charakterisiert, in jeder der Billionen Zellen dieses ausgereiften Körpers zu finden ist.

Eines aber kann dieser streng empirische Zugang nicht offenbaren, oder hat es zumindest bis jetzt noch nicht als Tatsache dargestellt, nämlich, daß diese ursprüngliche Zelle nur die physische Manifestation dessen ist, was die heutige Wissenschaft als ›Feld‹ bezeichnen würde. In Indien aber ist es seit Jahrtausenden als der ätherische Körper *(sukshma sharina)* bekannt.

In der modernen Physik ist ein Feld keine materielle Entität, sondern ein strukturiertes Gewebe von Energien und Kraftlinien. Mehrere neuere Denker haben die Vorstellung akzeptiert, daß ein physischer menschlicher Körper von einem Energiefeld umgeben und auch durchdrungen ist. Sie sehen jedoch nicht, daß dieses Feld *die aktive Gegenwart des Ganzen* dieses menschlichen Organismus auf der Ebene einer ›operativen‹ Ganzheit ist – einer spirituellen Ebene aus der Sicht des materiellen Körpers und seines an die Physiologie gebundenen Bewußtseins.

Der Geist ist die aktive Kraft der Ganzheit, die den ganzen Organismus der verschiedenen Teile umfaßt, alle Teile durchdringt und auf sie in ›spiritueller‹ Weise einwirkt. Und diese spirituelle Art und Weise bedeutet, daß die Kraft des Ganzen – der Geist – jedem einzelnen Teil, *dessen Funktion es notwendigerweise spezialisiert, ein Gegenmittel für seinen jeweiligen Typus der Spezialisierung anbietet*.

Wenn wir nun ein menschliches Wesen betrachten, das zu einem bestimmten Tierkreistypus gehört, so ist er oder sie in gewisser Weise spezialisiert, einfach weil er oder sie zu diesem Typus gehört. Aber trotz der Spezialisierung als eine bestimmte Person, die zu einem Sonnenzeichentypus (oder auch Mondzeichentypus) gehört, bleibt er oder sie ein *menschliches Wesen*, das innerhalb der Menschheit und der irdischen Biosphäre handelt. Wenn wir diese Person mit den Begriffen des psychologischen Temperaments beschreiben, so müssen wir dasselbe auch mit der ganzen Menschheit tun, die dann als ungeheures Feld psychomentaler Energie erscheint. Dieses Feld transzendiert die psychischen und mentalen Strukturen differenzierter oder individualisierter Männer und Frauen. Es wirkt auf einer transzendenten, metaphysischen oder transpersonalen Ebene. Seine Wirkungsweise auf individuelle Personen ist ›spirituell‹. Sie führt zur *Ganzheit* und harmonisiert das, was die Spezialisierung notwendigerweise disharmonisch gemacht hat.

Diese zum Ganzen führende Wirkung des Geistes, die Kraft der Ganzheit, die durch und auf die Teile einwirkt, wurde in religiösen Begriffen als ›Gnade‹ Gottes verstanden, in den Begriffen der Hinduphilosophie (vor allem der Sri Aurobindos) als die ›Mutterkraft‹ des Universums. Der Abschnitt *Geschenke des Geistes* befaßt sich mit der Wirkungsweise dieser ›Gnade‹ auf die zwölf grundlegenden Tierkreistypen unter den Menschen. All diesen verschiedenen Temperamenten verleiht der Geist eine *Wirkungsmöglichkeit*, die die jeweiligen Menschen am meisten brauchen, um das ins Gleichgewicht zu bringen, was ihre verschiedenen Charaktere betont haben – und meistens sogar überbetont haben, wenn sie unter Druck gerieten oder mit Fremdartigen konfrontiert waren.

Insofern befaßt sich dieser erste Abschnitt des *Triptychon* mit der Beziehung individualisierter menschlicher Wesen zu *dem*, aus dem sich die Manifestationen und funktionalen Teile oder Zellen herausdifferenziert haben: der Menschheit als einem allumfassenden und die Individualität transzendierenden Ganzen. Die ›Geschenke des Geistes‹ für die Menschen können ihnen dabei helfen, ihre Funktion *(Dharma)* angemessener zu erfüllen und überall die kompensierende, harmonisierende und auf diese Weise auch spiritualisierende Anwesenheit und Wirkung des Ganzen auf der Ebene menschlichen Handelns zu entdecken. Dieses Ganze kann als Gott, oder Menschheit-als-Ganzes bezeichnet werden; die Namen sind unwichtig. Was zählt, ist der Begriff, das Bild oder die Gefühlsintuition, die dahinter liegt. Es ist vielleicht sogar mehr noch die lebhafte Erkenntnis, daß alles, was hinter dem Bild liegt, jetzt, in Zukunft und in allen Individuen und Gruppen wirkt... wenn *sie es wirken lassen*.

Der Weg der Überwindung

Dieser Abschnitt unterscheidet sich in seinem Stil deutlich vom ersten Abschnitt, und nun, da Jahre seit der Niederschrift vergangen sind, scheint mir der Grund dafür sehr klar zu sein. Hier haben wir es mit einer Reihe von ›Prüfungen‹ zu tun. In diesem Stadium unserer Untersuchung geht es nun nicht mehr um die Tatsache, daß eine individuelle Person unter Bedingungen geboren ist, die den grundlegenden Charakter seiner oder ihrer Verschiedenheit als menschliches Wesen bestimmen, sondern um die Erkenntnis der Tatsache (und es ist eine Tatsache!), daß menschliche Wesen die Ebene ihrer Handlungen und ihres Bewußtseins wie auch die Qualität ihrer Gefühle und zwischenmenschlichen Beziehungen verändern können, wenn sie ein bestimmtes Stadium ihrer Entwicklung erreicht haben.

Es geht hier also nicht mehr darum, was die Spezialisierung oder Zugehörigkeit zu dem einen oder anderen Typus mit sich bringt, sondern viel mehr darum, wie wir ›mehr-als-menschlich‹ sein können, natürlich immer im Hinblick darauf, was wir unter ›Menschlichkeit‹ verstehen. Dieser Abschnitt des *Triptychon* ist daher eine Erörterung dessen, was getan werden muß, welche Erfahrungen man zu durchlaufen hat, welchen Herausforderungen an die Qualität eines natürlichen Lebens in der irdischen Biosphäre man begegnen wird, wenn man mit unablässigem Willen versucht, *als individuelles Zentrum des Bewußtseins und der Handlung* auf einer ›höheren‹ (das heißt metabiologischen) Ebene zu agieren.

Viele Menschen sind heute so sehr durch die westliche Zivilisation und den technologischen Dschungel unserer großen Städte traumatisiert, daß sie sich dagegen auflehnen und einen tiefsitzenden Drang verspüren, zur Natur zurückzukehren. Natürlich ist das kein neues Gefühl, es wurde auch von Jean Jacques Rousseau vor mehr als 200 Jahren intensiv empfunden und später dann durch die romantische Bewegung des letzten Jahrhunderts dynamisiert. Wir können es als eine Reaktion auf den engen Intellektualismus und die Vergötterung der wissenschaftlich-empirischen Methodologie betrachten. Weitblickende Geister wie Rousseau und Black sahen diese Gegenbewegung bereits aus der sogenannten Aufklärung des 18. Jahrhunderts entstehen.

Reagieren ist aber immer nur ein Vorspiel für eine konstruktive und schöpferische Aktivität. Man kann sich ebensosehr an das binden, was man haßt, wie an das, was man anbetet, und die heftige Verdammung dessen, was den dogmatischen Rationalisten irrational erscheint, ist nur eine unbewußte und nicht eingestandene Manifestation der Irrationalität rationalistisch-empirischer Annahmen: Wenn beispielsweise geleugnet wird, daß Wissen auf irgendeine andere Art als durch die menschlichen Sinne und ihre Meßinstrumente erlangt werden kann, oder wenn behauptet wird, daß die natürlichen Prozesse überall und zu jeder Zeit in einem Universum ablaufen, das nur materiell und anorganisch zu sein braucht.

Der französische Mathematiker, Philosoph und Mystiker Blaise Pascal schrieb im frühen 18. Jahrhundert als Antwort auf die klassische Newtonsche Mentalität seiner Tage: »*La cœur a des raisons que la raison ne connait pas.*« (Das Herz kennt Vernunftgründe, die die Vernunft nicht kennt.) Wir könnten diese Äußerung folgendermaßen paraphrasieren: Der Transformationsprozeß des Menschen in ein ›mehr-als-menschliches‹ Wesen erfordert Vorgänge, die der natürliche Mensch nicht versteht. Diese Vorgänge können als Prüfungen bezeichnet werden. Für eine bestimmte Schule des Zenbuddhismus ist eine dieser Prüfungen die Verwendung irrationaler Puzzles, sogenannter *koans.* Selbst das christliche Evangelium enthält ›schwierige Aussprüche‹ und Paradoxe, wie die der Bergpredigt. (Auf sie habe ich mich in der Einleitung und im ersten Kapitel des zweiten Bands *Die zwölf kosmischen Prüfungen* bezogen, beide sollten sorgfältig gelesen werden.)

Heute wie damals und vielleicht immer sind die meisten menschlichen Wesen nicht fähig, bereit und vor allem willens, einen radikalen Wandlungsprozeß zu beginnen. In letzter Zeit haben sich viele Menschen dem Anschein nach eifrig bemüht, nicht mehr nach der Natur zu leben, sondern eine zumindest relativ unnatürliche Existenz in den technisierten Großstädten zu führen. Aber diese Ebene einer hauptsächlich *gesellschaftlichen* Lebensweise unterscheidet sich nicht radikal von einer *natürlich-biopsychologischen* Lebensweise. Wir betrügen uns oft selbst durch eine erstaunlich-idealistische und unrealistische Vorstellung davon, was das Leben in der Biosphäre bedeutet. Das Lebensgesetz in der irdischen Biosphäre lautet in Wirklichkeit: ›Fressen oder gefressen werden.‹ Es gilt selbst im Pflanzenreich, wo Wurzeln gegeneinander oder schnell expandierende Gräser und Bäume gegen schwächere Arten kämpfen. Zwar gibt es auch bemerkenswerte Beispiele für Kooperation und gegenseitiges Dienen bei verschiedenen Arten, aber sie sind weitaus geringer als jener offene oder heimliche Krieg. Die menschlichen Gesellschaften verkörpern viel von dieser Haltung, selbst wenn sie offiziell buddhistisches Mitgefühl oder christliche Liebe predigen.

Vielleicht ist das ganze Universum ein Schlachtfeld zwischen zwei gleichstarken Kräften, dem kosmischen Yin und Yang, die in alle Ewigkeit im Kreis des Tao wirbeln. Nur wird der wichtigste Punkt leider selten ausgesprochen, nämlich daß diese entgegengesetzten Kräfte der Polarität *auf verschiedenen Seinsebenen in verschiedenen Geschwindigkeiten wirbeln.* Ob es uns gefällt oder nicht, in allen Existenzen gibt es einen immanenten natürlichen Drang, die Geschwindigkeit zu steigern, und von einer Ebene zur nächsten überzugehen. Aber große Probleme stellen sich dann ein, wenn diese Geschwindigkeitssteigerung vor allem und oft ausschließlich auf einer bestimmten Handlungsebene – etwa der physischen – stattfindet. ›Beschleunigung‹ scheint sehr wichtig und vielleicht nur dann wirklich konstruktiv zu sein, wenn wir dabei von einer Ebene zur nächsten übergehen können – also in unserem Falle von der physischen zur ›astro-mentalen‹, der Akascha-Ebene des Seins.

Aber diese Verlagerung der Ebene ist *nur* dann objektiv und tatsächlich vorhanden, wenn das schnellerwerdende Wesen eine neue Welt existentieller Phänomene und wirklicher Beziehungen mit anderen Wesen, die auf dieser neuen und ›schnelleren‹ Ebene wirken, nicht nur *betritt*, sondern dort auch *wirkungsvoll fungiert*, und zwar im vollen Bewußtsein seines inneren Zentrums und der Kräfte, die es in sich sammelt, und mit denen es arbeitet.

Und das ist etwas Großes! Ein derartiger Übergang auf eine neue Ebene bedeutet nicht einfach ›sich wunderbar fühlen‹ oder ekstatische Momente eines naiv als ›kosmisches Bewußtsein‹ bezeichneten Zustandes zu erleben. Gemeint ist vielmehr, auf der betreffenden Ebene, die wir mangels eines besseren Wortes als Übernatur bezeichnen könnten, *wirklich zu agieren.**

Der Grund, von einem ›Weg der Überwindung‹ zu sprechen, liegt darin, daß ein solcher Transformationsprozeß, der zu einer radikalen Veränderung der Ebene führt, nicht dadurch erreicht wird, daß man die Biosphäre und die gesamte Erscheinungswelt der biopsychischen Natur der Menschheit *physisch verläßt.* Vielmehr gelingt dies nur, indem man durch all das hindurchgeht, was die physische Existenz in der Biosphäre beinhaltet. Deshalb wird in dem Abschnitt ›Der Erleuchtete Weg‹ das erörtert, was im wesentlichen im Prozeß der Metamorphose erlebt, durchlaufen und überwunden werden muß. Dieser Prozeß nimmt zeitlich nicht nur die Lebensspanne eines physischen Organismus ein. Und die *Möglichkeit*, eine totale Veränderung der Ebene zu erreichen, liegt *nicht* in dem Zentrum verkörperten Bewußtseins, auf das wir uns normalerweise beziehen, wenn wir ›ich‹ sagen. Die *Verwirklichung* dieser Möglichkeit erfordert einen doppelten Prozeß und zwei ›Akteure‹: das Seelenzentrum und das Ego.

Wir können erstens von einer ›Herabkunft‹ des Seelenimpulses sprechen, der sich nach und nach immer stärker auf eine Persönlichkeit nach der anderen kon-

* In meinem Buch *Auch die Sonne ist ein Stern* habe ich den Unterschied zwischen der Ebene des Physischen und des ›Galaktischen‹ vorgestellt. Dabei habe ich die Milchstraße als Metapher für eine Existenzebene verwendet, die das Erlebnis, als fester materieller Körper auf einem physischen dunklen Planeten zu leben, transzendiert, aber auch umfaßt.

zentriert, also eine Reihe aufeinanderfolgender menschlicher Organismen, die sich in mehreren Kulturen entwickeln und alle eine magnetische Verbindung mit dem Seelenfeld besitzen* – und zweitens von dem ›Aufstieg‹ der zunehmenden Verfeinerung und Reaktionsfähigkeit dieser Persönlichkeiten. Dieser Aufstieg wird durch den inneren Seelenimpuls gezündet, er wird von der Persönlichkeit als immer unwiderstehlicherer innerer Drang aus den ›Tiefen‹ des Seins empfunden. In den meisten Fällen findet dieser Aufstieg durch eine Reihe von Krisen statt, die vom *Blickwinkel des Egobewußtseins* imstande sind, mit diesem Prozeß zusammenzuarbeiten. Insofern erscheinen sie als Prüfungen, die während der Lebensspanne der Person in einem Subzyklus nach dem anderen wiederholt werden müssen.

Der Erleuchtete Weg

Sofern das persönliche ›Ich‹ diese Prüfungen einigermaßen erfolgreich bestanden hat, kommt eine Zeit, in der das Bewußtsein imstande ist, die seelischen Geschehnisse objektiv zu betrachten. Vielleicht beginnt es, das ›Ich‹, das es bisher als dauerhafte *Entität* betrachtet hat, nun eher als einen zyklischen *Prozeß* zu sehen. Es gewinnt das Gefühl einer rhythmischen Abfolge, eines Gehens, Wiederkehrens und neuerlichen Aufbruches. Dies führt zur Erleuchtung, was zuerst ›Ich‹ (Teilchen) war, wird nun zu ›Licht‹ (Welle).

Auf diese Phase des ›übermenschlichen‹ Wachstums bezieht sich der Band *Die zehn kosmischen Chancen*, der den Erleuchteten Weg darstellt. Das zur Biosphäre

* Zur Definition des ›Seelenfeldes‹ siehe *The Planetarization of Consciousness,* Kapitel 7, New York. 1977.

gehörige ›Ich‹, das in Beziehungen verstrickt ist und sich durch Prüfungen vorankämpft, hat sich nun mit einem *Sonnenstrahl* identifiziert, der auf dem Weg zum Zentrum des Größeren Ganzen, der Milchstraße ist. Er bewegt sich durch das Reich der Archetypen, die bloß menschlichen Geistern als unerreichbare ›göttliche‹ Welt erscheinen. Ein neues Bewußtsein beginnt zu wirken – jenes Bewußtsein, das unmittelbar *sieht*, was ›ist‹ und nicht mehr über das debattiert, was sich unablässig verändert und ›wird‹.

Die Zwänge, Auseinandersetzungen und Verwirrungen der Biosphäre und einer menschlichen Natur, die in dieser Biosphäre verwurzelt und durch sie bestimmt ist, sind transzendiert worden. Aber sie werden nicht negiert. Wenn wir die Milchstraße für ein Reich strahlender Lichtquellen, der Sterne halten, so müssen wir zugleich daran denken, daß sie auch dunkle Planeten enthält. Das Bewußtsein, das sich auf diesen Planeten entwickelt hat, enthält noch immer die Möglichkeit, durch den bloß menschlichen Geist zu wirken, wenn es sich auf bestimmte Akte, die sich auf die bio-psychische Finsternis beziehen, neu einstellen will. Es kann Licht in die Dunkelheit bringen. Und wirklich gehört die Vorstellung eines quasi absoluten Gegensatzes zwischen Licht und Dunkelheit, Gott und Mensch, Schöpfer und Geschöpf zum ›Bewußtsein der Unwissenheit‹, dem dualistischen Oberflächenbewußtsein, das religiöse und politische Führer eingesetzt haben, um die Massen gedankenloser menschlicher Wesen zu beherrschen.

Die tiefe Wahrheit lautet, daß das Licht an die Dunkelheit gebunden ist, und zwar durch das unzerstörbare Band des Mitgefühls oder der Göttlichen Liebe. Das Göttliche und das bloß Menschliche durchdringen sich, aber menschliche Wesen, die in ihre Ängste und Unbeständigkeiten gehüllt sind, können diese Tatsache nicht sehen oder akzeptieren, wenn sie davon hören – und wenn sie sie akzeptieren, so tun sie es mit verwirrtem Geist, sie kehren ihre Bedeutung durch Stolz und Intellektualität um.

Aus diesem Grunde müssen die großen Wahrheiten über die Existenz, das Universum und den Menschen in symbolischer Form dargelegt werden, und Symbole enthalten immer das Element der Dramatisierung und die Faszination der Schönheit und Poesie. Sie rufen Gefühle wach, die durch allen Menschen gemeinsame Erfahrungen entstehen. Aber keine menschliche Erfahrung ist grundlegender als die von Tag und Nacht, von Licht und Dunkelheit – und deshalb auch von Sonne und Mond und von den Sternen, die in der bodenlosen Finsternis des Nachthimmels auf geheimnisvolle Weise von Licht zeugen – und deshalb enthält die Astrologie nach wie vor einen wunderbaren Reichtum an schönen und zutiefst bedeutsamen Symbolen.

Was Individuen und die Kultur, die die Grundlage für die Entwicklung individuellen Bewußtseins schafft, mit diesen Symbolen tun, verändert sich ständig. Es verändert sich, weil Kulturen wie lebendige Organismen sind, deren Zellen die in ihren geborenen und herangebildeten menschlichen Wesen mit ihrem jeweiligen Bewußtsein sind. Und diese kollektiven Organismen wachsen, reifen und zerfallen langsam. Aber selbst wenn eine Kultur und die Gesellschaft, die diese Kultur beseelt hatte, zerfallen, können Individuen geboren werden, die *trotz* der kulturellen Entropie und der Verflachung der Werte und Symbole vergangener Generationen den Entschluß fassen *können*, den Erleuchteten Weg zu betreten. Und manchmal ist es *gerade* dieser Zerfall, der sie zu diesem Entschluß treibt, da sie gezwungen sind, gegen ihn zu kämpfen und ihn radikal zu überwinden.

Nicht der intellektuelle Verstand oder die egozentrische Persönlichkeit fällt die Entscheidung, den Erleuchteten Weg zu betreten. Vielmehr ist es eine Kraft, die von innen her drängt, und keinen Widerstand duldet. Dennoch muß das Ego seine Zustimmung geben. Es muß das ›Sterben‹ annehmen. Aber in diesem Sterben erkennt die ganze Person schließlich ihre wesentliche Identität. Sie erlebt sich als eine einfache kleine Sonne in der ungeheuren Gesellschaft der Sterne der Galaxis – als Zelle im transzendenten Körper der ganzen Erde, deren spirituelles Zentrum unsere westliche Welt als Christus symbolisiert.

Einleitung

Die Haltung zum Leben, die ich hier darstelle, beruht ebenfalls auf dem Gefühl und Gedanken, daß alles, was existiert, nur in der Verwirklichung des jeweils eigenen Wesens erfüllt werden kann. Verwirklichung heißt Entwicklung, die immer mit der Freisetzung von Energie verbunden ist. Aber in dieser dynamischen Freisetzung von Energie muß auch ein ›Form‹-Prinzip vorhanden sein, und zuallererst muß es Grenzen geben, die das Feld biologischer Aktivität und funktionaler Interaktion bestimmen. Die Grenzen trennen das Innen vom Außen. In einer berühmten Zeichnung von Blake sieht man, wie Gott, der Schöpfer, mit einem Kompaß den Kreis beschreibt, innerhalb dessen sich das Universum entwickeln wird. In gleicher Weise begann man in den antiken Gesellschaften bei der Gründung einer Stadt (oder selbst nur eines zeitweiligen Heereslagers) immer damit, daß man einen kreisförmigen Graben zog. Und dieser Graben markierte die Grenzen, innerhalb deren die Menschen die Funktionen ihres kollektiven Lebens erfüllen sollten, außerdem beinhaltete das Ziehen kreisförmiger Grenzen auch die Anerkennung eines Zentrums.

Kraft strahlt vom Zentrum nach außen, und wenn die vibrierende Energie dann die Grenzen des Feldes erreicht, wird sie zurückgeworfen und kehrt zu ihrer Quelle zurück, um ein weiteres Mal auszustrahlen. So entsteht ein kreisförmiger Rhythmus von Energie (ein grundlegender Lebenspuls), der zur eigentlichen Grundlage der elementaren Lebensäußerungen wird. Die nach außen gewandte Phase dieser Pulsation schickt Energie über das ganze Feld, die nach innen (oder zentripetal) gerichtete Bewegung hat im wesentlichen mit der Entwicklung und einer Art (so rudimentär es auch sein mag) des Bewußtseins zu tun, oder (im abstraktesten Sinne des Wortes) mit ›In-Formation‹ Diese beiden Bewegungen, zentrifugal und zentripetal, kommen überall zur Wirkung, überall, wo wir es mit ›Ganzheiten‹ zu tun haben – komplexen Einheiten der Existenz. Diese Ganzen sind organisierte Felder von Aktivität, und in dem Maße, wie ihre Bestandteile eine funktionale Verbindung miteinander eingehen und ohne Unterlaß mit den Grenzen der Felder interagieren, nimmt Bewußtsein Gestalt an.

Jedes existierende Ganze existiert in einem größeren Ganzen und enthält eine Myriade funktionaler Teile, die ebenfalls auf ihrer Ebene der Aktivität kleine Ganze sind. Eine lebende Zelle funktioniert zusammen mit vielen anderen Zellen innerhalb eines größeren Ganzen, eines Körpers; aber in all diesen Zellen arbeiten große Zahlen von Molekülen, die ebenfalls komplexe Einheiten der Existenz sind. Sie sind also ebenfalls Ganze, die aus kleineren Entitäten zusammengesetzt sind. Der lebende Körper eines Tieres oder eines Menschen existiert in der Biosphäre der Erde (dem Reiche des Lebens, das sich dünn über und unter der Erdoberfläche erstreckt), und wir wissen jetzt, vor allem seit dem ersten Erscheinen der Zeitschrift *Geophysical Year* (1957), daß diese Biosphäre ein organisiertes Feld von Aktivitäten ist, innerhalb dessen alle Arten des Lebens miteinander im Zusammenhang stehen und ohne Unterlaß rhythmisch interagieren. Was die eine Spezies stört, wirkt in verschiedenem Ausmaß, aber merklich auch auf alle anderen ein. Die Interaktion zwischen den ›Reichen‹ der Mineralien, der Pflanzen, der Tiere und der Menschen sind wohlbekannt, und wir können nun auch ein lebendiges Bild des ganzen Planeten, zumindest in seiner physischen Erscheinungsform, vom Kern bis zur Ionosphäre und Magnetosphäre und vielleicht sogar bis zu entfernteren Regionen des Mondes zeichnen – die ›Sublunare Sphäre‹ der antiken Welt. Und dieses Bild ist das Bild eines organischen Ganzen, selbst wenn wir das Konzept des ›Organismus‹ ein wenig erweitern müssen, damit es auf diese Beschreibung des Planeten paßt.

Was man üblicherweise als ›Evolution‹ bezeichnet, ist jener ungeheure Prozeß, in dem ganze Einheiten von immer größerem Ausmaß, immer größerer Komplexität erzeugt werden, und dieser Prozeß wird in Ian Smuts Buch *Holism and Evolution*, aber auch in Teilhard de Chardins *The Phenomenon of Man* so wunderschön skizziert.*

So schlummert also in jedem existierenden Ganzen eine Tendenz, zur Verwirklichung und Teilnahme eines größeren Ganzen zu streben. Eine solche Tendenz ist während der niedrigeren Phasen des Weltprozesses unbewußt, wenn wir den Ausdruck Bewußtsein in einem eng menschlichen Sinn verstehen. Wenn das

---

* Die Interaktionen von kleineren und größeren Ganzen wurde von Rudhyar in Büchern erörtert, die nach dem ›Triptychon‹ geschrieben wurden, und zwar vor allem in dem Buch *Planetarization of Consciousness*. Er hat dem erweiterten Begriff der in zwei Richtungen gehenden Evolution, der Involution und Evolution den Namen ›holarchy‹ gegeben (Hrsg.).

menschliche Stadium erreicht ist, nimmt diese Bewegung ganz deutlich einen bewußten Aspekt an, und sie kann durch den Geist und die Gefühle des menschlichen Individuums sowohl zunichte gemacht wie auch angenommen und unterstützt werden.

Dann sprechen wir von dem bewußten menschlichen Streben nach immer größeren Formen der Vereinigung, einem Streben nach der Integration verschiedener Persönlichkeiten, Gruppen und Rassen... bis hin zur Synthese von kulturellen Haltungen und begrifflichen Systemen. Der kleine Stamm erweitert sich zu Königreichen, die in verschiedener Weise oftmals nach Krisenzeiten zu modernen Nationen mit ihrem Rassengemisch verschmelzen: und gegenwärtig können wir einen tiefwurzelnden Trend zu globaler Synthese, zur Integration der Menschheit im ungeheuer weiten Feld der ganzen Erde beobachten: die Erde, die wir gegenwärtig fühlen können, ist die Heimat der ganzen Menschheit und aller anderen Formen der irdischen Existenz. Dieser Trend scheint unausweichlich, so sehr sich Individuen und Nationen noch dagegenstellen, vielleicht weil dieser Vorgang noch verfrüht und auch so schwierig ist. Und dennoch kann es letztlich keine andere konstruktive Lösung für die immer drängenderen Probleme der Menschheit geben. Die einzige Möglichkeit besteht darin, wie man dieses unausweichliche Ziel konkret verwirklicht, mit welcher Grundlage und mit welchen Mitteln.

Die Biosphäre und der Planet Erde sind Tatsachen, die nicht geleugnet werden können. Auch die Verbundenheit zwischen allen Teilen der Menschheit ist in diesem Jahrhundert dank moderner Technologie eine gleichermaßen unbestreitbare Tatsache geworden, und die Historiker beginnen nun zu erkennen, daß die Entwicklung der verschiedenen Kulturen, die auf diesem oder jenem Kontinent gerade dynamisch und schöpferisch stattfand, im Verlaufe vergangener Jahrhunderte und Jahrtausende ganz ähnlichen Wegen folgte.*

Dieser Vorgang einer umfassenden menschlichen Integration trifft aber unausweichlich auf viele Hindernisse. Jede lebende Form – und auf der menschlichen Ebene auch jede gesellschaftliche und religiöse Institution – entwickelt einen Widerstand gegenüber der Veränderung. Trägheit (die in der Tat das Prinzip des Widerstandes gegen die Veränderung ist) ist ein grundlegender Tatbestand der Existenz. Und er ist in der Entwicklung menschlichen Bewußtseins sehr stark, er manifestiert sich an dem Festhalten von Privilegien, von gesicherten und vertrauten Werten, Vorstellungen und Gefühlsreaktionen. Diese Trägheit verleiht dem Ego einer Person (im psychologischen Sinne) seinen hartnäckigen Widerwillen gegen eine Veränderung und Neuorientierung des Verhaltens und Wertgefühle.

Bis die Egos einer signifikanten Zahl menschlicher Wesen (vor allem von Individuen, die imstande sind, gesellschaftliche und ideologische Autorität zu übernehmen) bereit, fähig und willens sind, alle Implikationen der evolutionären Tendenz zu einem Stadium allmenschlicher globaler Integration anzunehmen, wird immer die Gefahr bestehen, daß dieser Vorgang sich in katastrophischen Krisen verfängt, die seine heilsame Vollendung stark verzögern. Der Impuls zur Synthese und einem Zustand quasi-organischer Teilnahme an der Aktivität eines größeren Ganzen erfolgt in dem

* Vgl.: *Les Metamorphoses de L'Humanité,* Paris, 1953.

Maße, wie Menschen ein Gefühl für die grundlegende menschliche Einheit entwickeln, in dem Maße, wie sich der ›gemeinsamen Menschlichkeit des Menschen‹ lebhaft bewußt sind... durch alle oberflächlichen Unterschiede zwischen individuellen Personen, Gruppen und Rassen hindurch.

Was wir als Religion bezeichnen (vor allem die neueren ›großen Religionen‹) stellt einen Versuch dar, die gemeinsame Menschlichkeit des Menschen lebhaft und zwingend zu machen, indem man sie gewissermaßen auf den breiten Bildschirm des Himmels als Höchstes Wesen projiziert. Die Religion sagt uns, daß wir entweder verschiedene Aspekte einer allumfassenden transzendenten Wirklichkeit sind, oder Söhne eines einzigen Vatergottes oder aber, in früherer Zeit aus dem Stadium der Stammesorganisation, Abkömmlinge eines gemeinsamen Großen Ahnen. Auf diese Weise wird das Ideal der Brüderlichkeit des Menschen in emotionaler Lebhaftigkeit im Bewußtsein von Millionen von Individuen gehalten, die sich ansonsten nur der Unterschiede ihres Egos und der Interessenskonflikte zwischen ihnen bewußt wären.

Das große Ideal der ›Einheit‹ hat auf diese Weise also eine religiöse, transzendente Kraft erhalten, und überall sind Gruppen von Männern und Frauen entstanden, die ›fasziniert‹ durch dieses vergöttlichte Ideal der Einheit den sogenannten ›Pfad der Rückkehr‹ eingeschlagen haben, der Rückkehr zu dem Einen, das im Anfang war, und dessen Einheit wiederhergestellt sein wird, wenn sich das Bewußtsein aller Menschen zur Synthese zurückkehrt und auf irgendeine Weise am Ende des menschlichen Zyklus verschmilzt. Auf diese letztendliche Vollendung bezieht sich Teilhard de

Chardin, wenn er von dem Punkt Omega spricht, einem hell strahlenden Zustand spiritueller Christ-Bewußtheit. In ähnlicher Weise spricht Sri Aurobindo in den letzten Kapiteln seines großen Buches *The Life Divine* von einer gnostischen Gesellschaft von Menschen, die durch ihre Abkunft und Verkörperung des Überbewußtseins verklärt werden.

Die religiöse Projektion des Ideals allmenschlicher Einheit auf dem Bildschirm des Himmels, der von einem allmächtigen und alliebenden Gott beherrscht wird, den man sich in der Gestalt des Idealen Menschen vorstellt, hat während der Zeitalter der Geschichte viele Formen angenommen. Eine der ältesten Formen war die Begründung der Astrologie. Astrologie beruhte ursprünglich auf der Erkenntnis, daß der Himmel ein magisches Bild von Ordnung und unendlichem Frieden darstellte. Dieses Bild nährte im primitiven Menschen, der durch die Gewalt und Angst in den tropischen Dschungeln oder in dunklen feuchten nördlichen Wäldern gequält wurde, den Glauben, daß er trotzdem in einem geordneten Universum lebte, in dem der Wechsel der Jahreszeit vorhersagbar war, und wo man sich auf die Wiederkehr des Frühlings und der Fruchtbarkeit verlassen konnte. Aus diesem Glauben entstand der Ackerbau. Dann begannen die Menschen, den Himmel mit Göttern und schöpferischen Hierarchien zu bevölkern. Sternenkonstellationen verband man mit tiefen symbolischen Bedeutungen, die den Eingeweihten die zyklischen Prozesse von Wachstum offenbarten und auf alle menschlichen Wesen einwirkten, da sie sich auf die ›gemeinsame Menschlichkeit des Menschen‹ bezogen. Denn alle Menschen waren ›Brüder in den Sternen‹ und die vielfältigen Ausdrucksformen des Himmelsgottes, des großen Mannes im Himmel, des Makroprosopus.

Heute erscheint dieses Bild des Tierkreismenschen der Mehrheit gebildeter Männer und Frauen archaisch und ziemlich bedeutungslos, denn die moderne Astronomie hat ein neues Modell des Universums vorgelegt, und wir verehren eine Wissenschaft, der es gelungen ist, grundlegende Gesetze des Universums zu entdecken und zu nutzen. Wir sehen jetzt die Erde als einen kleinen Planeten, der um die Sonne kreist, und diese Sonne ist ein nicht allzu eindrucksvoller Stern unter Millionen anderer Sterne, die sich in der ungeheuer weiten Milchstraße gesammelt haben, und diese Milchstraße ist durch unglaublich große Entfernungen von Millionen mehr oder weniger ähnlicher Spiralnebel und noch geheimnisvolleren Himmelsobjekte getrennt.

Das Bild des Himmels hat sich verändert, aber es ist noch immer ein Bild ungeheurer Kraft, die auf geordnete Weise wirkt. Die Menschheit wurde vom Trieb erfaßt, interplanetare und vielleicht eines Tages auch interstellare galaktische Räume zu erforschen. Und dies geschieht genau zu der Zeit, wo eine den ganzen Erdball umfassende Gesellschaft möglich geworden ist, eine Gesellschaft, die alle Menschen in grundlegenden Bereichen genau organisiert und miteinander verbindet. Wir werden zu ›Irdischen‹, deren Heimat die Erde ist. Das Bedürfnis, uns mit dem ganzen Sonnensystem in Verbindung zu setzen, empfinden wir also tatsächlich als Irdische, denn unser Streben zum Weltraum setzt die Kooperation von Wissenschaftlern aus allen Nationen unseres Erdballs voraus. Aber dieses Bedürfnis nimmt die vielleicht phantastische oder zumindest noch unbewiesene Form der Kommunikation mit Wesen von anderen Planeten an, ebenso, wie es in der fruchtbaren Vorstellungskraft von Science-Fiction-Autoren das Bild einer ›Galaktischen Föderation‹ erweckt.

Vorstellungskraft ist eine ungeheure Macht, aber leider wird sie in unseren Tagen zu häufig bei der Verfolgung von kommerziellen (oder militärischen) Zielen eingesetzt. Sie versucht, unwahre Geschichten zu erzeugen, oder Vorteile über andere Menschen zu erringen. Sie scheint ihre Kraft zur Erzeugung von Symbolen verloren zu haben, jene Kraft, die es ermöglicht, die kollektiven Energien von großen Menschenmengen auf ein bestimmtes ›Bild‹ zu lenken, das einen festen dauerhaften Glauben, eine intensive Hoffnung und den nötigen Willen erzeugen kann, um den ›großen Traum‹ zu verwirklichen. Die kollektiven Gefühle von nationalen Gruppen von Menschen wurden, soweit sie in der letzten Zeit erweckt wurden, im großen und ganzen von kurzsichtigen Führern in irgendeine Art quasireligiöser ›Kreuzzüge‹ gegen ein gräßliches Feindbild gelenkt. Der ›Kalte Krieg‹, über den so viel geschrieben wurde, hat von beiden Seiten die grausame Intensität erhalten, die von den Religionskriegen der Vergangenheit entfaltet wurde. Es ist tatsächlich ein Bürgerkrieg des Menschen, denn heute ist die Menschheit faktisch ein Ganzes. Was in einem fernen Winkel des Erdballs geschieht, wirkt unmittelbar auf das Leben und die Arbeitsverhältnisse von Menschen auf der ganzen Erde ein, und die Presse, das Radio und das Fernsehen machen es uns unmöglich, diese Tatsache zu vergessen, wenn wir nicht in einer Vogelstrauß-Technik unseren Kopf im Sand einer bequemen Reihenhaus-Existenz vergraben.

Wir sollten wieder zum Himmel aufblicken, um neuen Glauben zu gewinnen... und tatsächlich ist unser Verlangen, zu schwerkraftlosen Räumen vorzudringen (hinter den utilitaristischen und militärischen Aspekten dieser kostspieligen Unternehmungen verborgen) eigentlich ein unterbewußter Versuch, die kriegerische Dualität der Erde zu vergessen und an der geordneten Großartigkeit der Planeten und Sterne teilzunehmen. Und bald können wir dann bemerken, daß das Sonnensystem unsere Dorfgemeinschaft ist, sofern die Erde unsere Heimat ist. Dann werden einige der wagemutigen Geister zu träumen beginnen – und das geschieht bereits jetzt! – ob es vielleicht unbekannte Wege gibt, die uns von unserem Sonnensystem zu irgendeiner anderen kosmischen Gemeinschaft und letztlich zu der großen Metropole, der Weißen Stadt im Zentrum der Milchstraße führen.

Wir sind jetzt imstande, im Bezug auf physische Ortsveränderung an ein solches Unternehmen zu denken, da es vom technisch kontrollierten Gebrauch von Energien abhängt, die irgendein bestimmtes Fahrzeug mit Treibstoff speisen... aber in der Vergangenheit hat es immer wieder Menschen gegeben, die von solchen Raumfahrten im Sinne einer Seelensuche geträumt haben, die durch psychomentale Energien in Bewußtseinsfahrzeugen stattfanden. Diese Fahrzeuge aber wurden nicht durch technologische Prozesse erzeugt, sondern durch spirituellen Glauben, nie versiegenden Mut und unbeugsamen Willen. Solche Menschen können wir als Mystiker, Okkultisten oder Eingeweihte bezeichnen. Aber wie wir sie nennen, hat hier kaum eine Bedeutung, denn wir haben es hier nicht mit Methoden oder Rezepten zu tun, sondern vielmehr mit dem Verständnis dessen, was diese Menschen gesucht haben, welchem Weg sie folgten, und welche symbolischen Ausdrucksformen sie uns hinterlassen haben, mit denen wir unsere eigenen Unternehmungen beginnen können. Diese Menschen haben nicht von einem galaktischen Zentrum gesprochen, sondern vielmehr von dem Licht und der Liebe, das durch das Universum pulsiert, von dem Weg der Mystik, von unaussprechlichem Glanz und vollkommener Stille, und mit all diesen Worte versuchten sie das zu beschreiben, was mit dem immer wieder mißbrauchten Wort ›Gott‹ gemeint ist.

In dem gegenwärtigen neuen wissenschaftlichen Bild des Universums können viele Menschen keinen Raum für einen wirklichen und existenten Gott finden. Und dennoch können wir diesem uralten Symbol, Gott, eine neue Form, einen galaktischen Bezugsrahmen verleihen. Wir können noch immer an einen Pfad der Wiederkehr denken, aber jetzt sehen wir, wie dieser Pfad bis zum Zentrum der Milchstraße reicht, und als bewußte Menschen, die mit Erfolg die ungeheure Hitze des Feuers erzeugt haben, das im ›Herzen der Sonne‹ brennt, können wir auf diesem Pfad mit den Sonnenstrahlen reisen. Denn auch wir sind zu Miniatursonnen geworden. Wir haben die Kraft, wir brauchen nur die Phantasie, den Glauben und den Mut, unsere inzwischen veralteten grobstofflichen Fahrzeuge hinter uns zu lassen und unseren Geist fest auf die Route zu konzentrieren, deren Verlauf unsere spirituellen Teleskope und Radarsysteme uns anzeigen.

Natürlich sind das Symbole, aber ist nicht das Wort ›Gott‹ selbst ein Symbol? Ist nicht ›Raum‹ ein menschliches Wort, das durch die Reaktionen unseres Gehirns auf Bewußtseinsveränderungen gemessen wird? Wir Menschen erzeugen immer neue Ziele und suchen nach Wegen, die unsere Vorstellungskraft und unsere Gefühle zu diesen ideellen Zielen hinführen. Wir Menschen erschaffen unsere Universen, und jeder einzelne Mensch in gewisser Weise sein eigenes Universum.

Wir gehen von dem Nahen, dem Wahrgenommenen und dem Gefühlten aus, und wir wagen uns weiter voran, wir träumen ... und indem wir träumen, können wir Wege zu den Sternen auskundschaften, denen andere vielleicht etwas vorsichtiger folgen werden, aber wenn sie dabei zu vorsichtig sind, ist es vielleicht zu spät, um die Tautropfen des Lichtes auf den riesigen Wiesen des galaktischen Raumes aufzusammeln.

Der Wille, auf diesem Weg zu den Sternen voranzuschreiten, der genau zum Zentrum der Milchstraße reicht, ist die treibende Kraft einer dritten Bewegung, und diese dritte Bewegung existiert jenseits der zweifachen rhythmischen Oszillationen des ›Lebens‹. Wir können sie nicht mehr als Involution von Sonnenenergie in Formen bezeichnen, aber auch nicht als Evolution von Bewußtsein, das aus der Aktivität in Formen entspringt. Ich nenne diese Bewegung Transvolution. Der Weg, dem diese Bewegung folgt, ist der erleuchtete Weg. Er reicht symbolisch vom Herzen der Sonne bis genau zum Zentrum der Milchstraße. Sollen wir als ›Diener der Menschheit‹ uns so verhalten, daß sich Herz und Verstand der Menschen auf der ganzen Welt uns in Dankbarkeit und neuer Hoffnung zuwenden?

Die Antworten auf diese Fragen hängen nicht von Gefühl, Idealismus oder Güte ab ... oder auch vom jeweils entsprechenden Mangel. Nur indem wir dem Wort ›Sittlichkeit‹ einen weiteren Sinn verleihen, als normalerweise üblich ist, können wir sagen, daß die Herausforderung dabei eine moralische Herausforderung ist. Es ist eine Herausforderung, die an Menschen gestellt wird, die Macht haben und zu Instrumenten Zugang haben, um diese Macht auch zu entfesseln ... ebenso wie das Kreuz eine Herausforderung an einen

Menschen war, in dem sich Gott eben aufgrund seiner Göttlichkeit manifestiert hatte.

Jeder, der nach Macht um der Macht willen sucht, oder auch um sie für sich einzusetzen, ist bereits auf der Straße zur Zerstörung. Die Macht kann nur denen heilsame Früchte bringen, die sie für das Ganze bewahren und mit ihr dem Ganzen dienen. Ein Monopol auf die Macht in jeglicher Form kann nur zu letztendlicher Selbstzerstörung führen.

Die Menschen müssen diese Lektion noch sehr gründlich lernen. Aber sie werden sie nur dann lernen, wenn die Möglichkeit der Selbstzerstörung nicht mehr so fern und undeutlich erscheint, wenn die Kraft so schrecklich, und die Reaktion auf jeden Versuch der Monopolisierung oder Verwendung für Profit und imperialistische Expansion so schnell ist, daß die Menschen sich von innen zu einer Haltung des Dienstes am Ganzen gezwungen fühlen. Der Geist zwingt nicht, aber Tatsachen tun es. Deshalb ist es notwendig, daß die Tatsachen so zwingend werden, daß die Menschen schließlich erkennen, daß alle Macht aus dem Ganzen stammt, zum Ganzen gehört. Individuen wird sie nur zu dem Zweck anvertraut, daß sie ihre Freisetzung mit scharfer und spezialisierter Tatkraft im Dienste des Ganzen verwalten.

Dieses Thema reicht weit über die militärische Verwendung von Atombomben in der einen oder anderen Form hinaus. Zumindest auf lange Sicht ist die Gefahr der unkontrollierten und monopolistischen Atomenergie in den Händen riesiger Konzerne ebenso groß wie in den Händen einer angreifenden Armee. Wenn eine Nation zu ihrem eigenen Vorteil oder für ihre Sicherheit die Entfesselung der Atomkraft kontrollieren könnte, so wäre das Verbrechen gegen den Geist trotzdem kaum geringer. Aber eine solche Zurückhaltung der Macht ist unmöglich, es sei denn für eine sehr kurze Zeit... das wissen wir! Alles, was im Grunde menschlich ist, fließt aus der gemeinsamen Wurzel unserer Menschlichkeit in die Myriaden von Kanälen, die durch Wille, Vision und Geschicklichkeit mutiger und scharfsinniger Menschen überall geöffnet werden. Aber den ersten unter ihnen gehört die unvergleichliche Gelegenheit, als Gefäße für das ursprüngliche und zeugende Herabfließen des schöpferischen Geistes zu dienen... und daraus kommt alle Kraft und Macht auf Erden wie im Himmel.

Dieses Herabfließen des schöpferischen Geistes ist das wesentliche Merkmal des neuen Zeitalters, das die astrologische Signatur des Wassermann trägt. Die Hauptaufgabe der Menschen, bei denen diese Signatur auf ihr individuelles Selbst aufgeprägt ist, besteht darin, die Fähigkeit der Freisetzung jener Macht zu erlangen, die von den höchsten Höhen, sei es physisch oder psychologisch, herabfließt. Und nicht um des Gewinnes willen soll sie freigesetzt werden, sondern um zu dienen, wie auch das Herz das Blut freisetzt, das in die linke Herzkammer hineinflutet... damit der ganze Körper mit lebensnotwendigem Sauerstoff und den starken chemischen Stoffen den endokrinen Drüsen ernährt wird.

Die Fähigkeit zur Freisetzung der Macht im Dienst des Ganzen zu gewinnen bedeutet, daß man psychologische Reife erreicht. Und der größte Feind der Reife ist die Angst. Nur die Angst hält den Heranwachsenden an kindliche Haltungen gefesselt. Nur die Angst hält die Nationen und die offiziellen und inoffiziellen Herrscher von der Erkenntnis ab, daß die Menschheit als Ganzes der einzige Bezugsrahmen ist, in dem die Leistungen einer jeglichen Nation sinnvoll werden und ihren ganzen menschlichen Wert gewinnen. Angst erzeugt Aggression und quält das Bewußtsein der Menschen... es ist die Angst, aber auch das nagende Gefühl der Frustration, das immerzu mit der Angst verbunden ist und Verzweiflung, und schließlich Selbstzerstörung erzeugt.

Mit dem Eintreten des Wassermann-Zeitalters sollte die Menschheit die Schwelle ihrer Reife erreichen. Und Reife ist die Fähigkeit, die vom Menschen stammende Macht effektiv zu verwalten und als echter Diener der großen menschlichen Gesellschaft deren Vertrauen zu rechtfertigen. Es ist gesagt worden, daß die Zukunft den Managern gehört. Nur wurde nicht erkannt, daß das spirituelle Problem für alle von uns darin besteht, ob diese Manager herrschen wollen oder es akzeptieren, zu dienen. Werden sie eine neue Kaste von Autokraten bilden, oder einen riesigen ›Civil Service‹, der sich der Wohlfahrt einer weltweiten Gesellschaft aller Menschen widmet?

Das ist die Frage, um die es geht, und die in den nächsten 20 Jahrhunderten... oder zumindest im Kern während der nächsten 50 Jahre gelöst werden muß. Und es betrifft in erster Linie die weißen Menschen der westlichen Welt... denn sie haben das Geheimnis der universellen Kraft und die Fähigkeit, sie einzusetzen, erlangt... entweder als gierige Eigentümer oder als geheiligte Diener. Dies ist ein Dilemma, vor dem jeder Wassermann-betonte Mensch, gleich ob Mann, Frau oder Kind steht.

Die erste Phase: Neuorientierung... der Mond

Zuerst muß man sich auf den Weg machen, das ist die Grundtatsache bei allen Abenteuern. Und dann müssen wir unsere Richtung finden. Sie muß uns von dem, was wir sind, von unseren nur allzu vertrauten Gewohnheiten und Beschäftigungen wegführen. Deshalb müssen wir uns neu orientieren.

Das Symbol dieses ersten Schrittes in unserem neuen Abenteuer ist der Mond. Wir müssen das ›verborgene Gesicht des Mondes‹ als eine Plattform erreichen, von der aus wir das ganze Sonnensystem überblicken können. Dann können wir dieses System von einem Blickpunkt aus beobachten, der nicht mehr geozentrisch (also auf die Erde bezogen), sondern heliozentrisch (auf die Sonne bezogen) ist, und zwar, weil unser Satellit, der Mond die äußersten Grenzen der Erde als planetarisches Ganzes markiert. In den alten Kosmologien wurde der Raum zwischen der Erdatmosphäre und dem Mond als die sublunare Sphäre oder das Reich des Astralen bezeichnet: und der Mond wurde mit dem Saturn in Verbindung gebracht, dem Planeten, von dem man glaubte, daß seine Umläufe die Grenzen des Sonnensystems als ein abgeschlossenes kosmisches Feld markierten. Auf diese Weise stellt der Mond in einer tieferen Art astrologischer Symbolik das Bewußtsein (das heißt das ›Gefühl‹) davon dar, daß man Person ist, und als Person mit einer komplexen Umgebung konfrontiert ist und auf diese Umgebung in einer charakteristischen, spontanen und organischen Weise reagiert. Das ist die ursprüngliche Basis des Ich-Gefühls, aber das Ich selbst wird als reale psychologische Struktur nur im Bezug auf die familiären und gesellschaftlichen Zwänge der Umgebung entwickelt, und Saturn, der Planet mit den Ringen, symbolisiert dieses Ich, dieses Ego, als ein Strukturmuster von Reaktionen auf die tagtäglichen Kontakte und Herausforderungen des Lebens.

Auf dieser lunaren Ebene des Bewußtseins als Person muß das Individuum seine Pilgerreise zu den Sternen beginnen. Dieses Bewußtsein muß hinterfragt werden, seine Wirkungsweisen müssen kritisch geprüft werden. Die auskristallisierten Formen, die es unter dem Einfluß des Saturn, also als Ergebnis der Zwänge einer bestimmten Umgebung, Kultur, Sprache, Religion usw. erworben hat, müssen herausgefordert werden. Das bedeutet aber nicht, daß das Ego-Gefühl dann verschwindet, durchaus nicht, es wird nur betrachtet, wie es entstanden ist, und wie es sich in einen festen und beherrschenden Bezugsrahmen eingefügt hat.

Das englische Wort ›con-sideration‹ (deutsch: Betrachtung) bedeutet etymologisch ›mit den Sternen‹, und das ist in der Tat eine sehr vielsagende Etymologie! Einen Gegenstand zu betrachten (consider) heißt, den Ort und die Bedeutung zu erforschen, die er in bezug auf das Universum als Ganzes hat. Man schaut ihn also nicht als ein isoliertes Ding an, sondern integriert ihn in ein umfassenderes Ganzes, in der er im Sinne seiner Bedeutungen liegt. Der Übergang von einer geozentrischen zu einer heliozentrischen Vorstellung des Universums war das Ergebnis einer Betrachtung (englisch:

con-sideration) der Erde, die man dadurch als integralen Teil des Sonnensystems erkannte. Ein nochmaliger Übergang kommt dann zustande, wenn man das ganze Sonnensystem als eine kleine Einheit in einer riesigen Galaxis der Milchstraße sieht, und auch das ist eine neue Betrachtung (englisch: re-con-sideration) der Bedeutung der menschlichen Existenz auf der Erde.

Der erste Schritt auf dem von mir sogenannten Erleuchteten Weg besteht darin, daß man sein Bewußtsein und sein Ich-Gefühl neu orientiert, und das heißt, daß man unwiderruflich die eigene Position im Sonnensystem erkennt. Symbolisch bedeutet das, daß die Verbindung zwischen Mond und Saturn (zu der wir später bei der Behandlung des Planeten Saturn zurückkehren werden) transformiert werden muß. Sie muß, zumindest teilweise und in der Vorstellung von einer tiefen, flammenden Erkenntnis der wesenhaften Beziehung zwischen dem Mond und der Sonne überlagert werden, wobei der Mond ein auf die Sonne orientiertes Tor zum Sonnensystem als Ganzem wird.

Primitive Menschen, die der Natur nahe sind, sehen Mond und Sonne als zwei Polaritäten des Lebens, aber dieses Bewußtsein vom zweipoligen Charakter des Lebens existiert fast ausschließlich auf der unbewußten Ebene animalischer (oder zumindest ›stammesbezogener‹) Existenz. Die Sonne und der Mond sind die beiden ›Lichter‹, die die Grundrhythmen von Tag und Nacht bestimmen. Die Menschen reagieren passiv auf diese Rhythmen, die ein Bestandteil der irdischen Biosphäre sind. Der Mensch verehrt die Sonne, ist sich aber des Sonnensystems als eines kosmischen Feldes von Aktivität nicht bewußt. Er ist vollkommen und zwanghaft auf das Leben wie auch auf die Erde bezogen. Später, wenn sich sein Ego mehr festigt, und er sich unter dem symbolischen Einfluß von Saturn mehr und mehr als eigenständige individuelle Person fühlt, bleibt der Mensch zwar noch erdbezogen, aber seine ›Egozentrik‹ überlagert größtenteils seine frühere ›Biozentrik‹.

In dieser anfänglichen Mondphase des Erleuchteten Weges ist die individuelle Person, die jetzt noch relativ frei von der egozentrischen Fesselung des Saturn ist, und sich bewußt in Richtung auf die Sonne wendet, bereit, zu ihrer langen, mühsamen und gefährlichen Reise sternenwärts aufzubrechen. Sie beginnt, in diesem Stadium noch recht dunkel und unsicher zu ›fühlen‹, daß es einen Erleuchteten Weg gibt, und erspürt die Beziehung, die dieser Weg zu den früheren ursprünglichen Bewegungen des Lebens hat, das heißt, den zentrifugalen und zentripetalen Energiebewegungen, von denen ich bereits sprach. Die individuelle Person erkennt, daß es eine dritte Bewegung gibt, die vom ›Herzen der Sonne‹* bis zum eigentlichen Zentrum der Milchstraße reicht. Das ist der Erleuchtete Weg, von dem die mystischen Philosophen oft als dem Pfad der Wiederkehr gesprochen haben.

* Die Bezeichnung ›Das Herz der Sonne‹ ist natürlich rein symbolisch. Sie bezieht sich auf die Unbekannte Realität, die sich sozusagen hinter oder in der intensiven atomaren Aktivität der äußeren Sonnenschicht, der Photosphäre verbirgt. Er bezieht sich auf die Sonne als einen Stern unter Sternen, nicht so sehr auf die Sonne als eine Sonne, also auf das Zentrum und den Ursprung eines Planetensystems. Diese Unterscheidung zwischen den beiden Arten, die Sonne zu betrachten, nämlich als individueller Stern in der Milchstraße und als ›Vater/Mutter‹ einer Planetenfamilie ist in Bezug auf die Symbolik, die in diesem Werk verwendet wird, sehr wichtig. (Rudhyar hat ihr einen ganzen Band gewidmet: *Auch die Sonne ist ein Stern*, New York, 1975 – Hrsg.)

Wenn wir vom heliozentrischen Blickwinkel auf die beiden großen Bewegungen der Lebensenergie schauen, sehen wir zuerst das Leben, das als bildende Aktivität vom Sonnenzentrum bis zu den saturnischen Grenzen des Sonnensystems ausstrahlt, wobei die transsaturnischen Planeten nicht in engerem Sinne zu diesem Sonnensystem gehören, und dann wird diese nach außen gerichtete Flut von Energie zurückgeworfen, gewissermaßen als reflexives Bewußtsein. In verwandelter Form schwingt die Lebensenergie zur Sonne zurück und erschafft Strukturen des ›Geistes‹ und der Gruppenbezogenheit. Dieser doppeltgerichtete oszillierende und zirkulierende Rhythmus setzt sich immer weiter fort, wobei die nach außen gerichtete Aktivität und das nach innen gerichtete Bewußtsein aufeinander einwirken, bis die Lebenskraft das ihr eingeborene Potential erschöpft und der Zyklus der organischen Existenz sein Ende erreicht. Das ist das ›Rad von Leben und Tod‹ der buddhistischen Philosophie, das *Samsara*.

Es besteht jedoch auch die Möglichkeit einer dritten Bewegung im Menschen, und hier und dort reagieren einzelne Individuen auf diese Möglichkeit. Sie ›durchbrechen‹ den kreisförmigen Rhythmus der normalen menschlichen Existenz auf der symbolischen Mondebene, und indem sie ihre ›Gefühlsnatur‹ neu orientieren, sehen sie, wie die saturnische Kraft der Egozentrik langsam schwindet, während gleichzeitig die solare Kraft der Heliozentrik an Stärke zunimmt. Sie fangen an, zu fühlen, zu denken und zu handeln, *als ob* das Zentrum ihres Seins im Herzen der Sonne liege. Und von diesem Herzen der Sonne, das als ›Licht‹ auf die umfassenderen Rhythmen des galaktischen ›größeren Ganzen‹ reagiert, identifizieren sie sich zunehmend und unwiderruflich mit dem ›Sonnenstrahl‹, der weit jenseits des Saturns sich bis zum galaktischen Zentrum erstreckt. Ich wiederhole, es ist dieses Zentrum, das für eine Menschheit, deren Bewußtsein in ›Lichtjahren‹ gemessene Felder des Raumes umspannt, ganz konkret jene kosmische Kraft darstellt, die sich hinter dem Wort Gott... unser Gott verbirgt.

Der Erleuchtete Weg ist der Weg des Sonnenstrahls, der den Sonnenstern mit dem Zentrum der Milchstraße verbindet, aber niemand kann diesen Weg betreten, der nicht sein elementares Selbstgefühl von den saturnischen Egostrukturen abgewandt und der Sonne zugewandt hat... denn nur sie kann die individuelle Seele einer Person symbolisch darstellen, die zu ihrem eigenen Mittelpunkt geworden ist. Dieser Punkt besteht aus Licht, aber jedes Hindernis und jeder unerlöste Geist aus der geozentrischen und egozentrischen Vergangenheit kann darauf einen gefährlich dunklen Schatten werfen. Das Schicksal des Reisenden auf dem Erleuchteten Weg beruht im wesentlichen auf seinem Glauben, seinem Mut und seiner Fähigkeit, ohne Abweichung von dem leitenden Sonnenstrahl der quälenden Kraft der Angst und scheinbaren Isolation zu widerstehen.

Und in der Tat reist jede Seele auf diesem Weg allein, obwohl das Gefühl der Isolation eine große Täuschung ist. Jede Sonne muß sich so lange allein fühlen, bis das Tor des Saturn vom Sonnenstrahl passiert wird. Jede individuelle Person muß für sich und durch sich ihren Weg zu diesem Stern finden, der ihren Ort und ihre Funktion im galaktischen Ganzen, ihre spirituell-kosmische Identität symbolisiert.

Die Anwesenheit dieses Sternes kann nur gesehen werden, wenn sich der individuelle Mensch mit dem klaren, kalten Himmel der verborgenen Seite des Vollmondes mit einem verjüngten und neuorientiertem Bewußtsein konfrontiert. Auf der einen Seite ist die Sonne, auf der anderen Seite der Stern. Und dennoch kann niemand diesen Stern unmittelbar erreichen, wenn er sich nicht mit dem Sonnenstrahl identifiziert, der Licht und ›Liebe‹ ist... eine Liebe, die durch das Licht verwandelt wird, das aus dem Herzen der Sonne strömt.

Deshalb ist der individuelle Mensch, der vor dem dunklen, von Sternen übersäten Mondhimmel steht, mit einem elementaren Paradox konfrontiert: denn der Weg, der ihn zum Stern führt, leitet ihn zuerst in die entgegengesetzte Richtung. Er muß den Stern vergessen und nach dem Sonnenstrahl suchen, dem einzigen Führer, dem er vertrauen kann. Er kann den Stern *nur* erreichen, wenn er mit dem Strahl der Sonne eins ist. Das Sternenselbst kann nur dann erreicht werden, wenn man sich in Selbstvergessenheit und Selbstaufgabe dem Sonnenstrahl zuwendet, das heißt der Strahlenkraft der Sonnenseele.

Auf dem ganzen Erleuchteten Weg trifft das menschliche Bewußtsein auf Paradoxe. Wenn der Strahl der Sonne aus dem Herzen der Sonne sternwärts hervorschießt, durchläuft er dieselben Stadien, welche die Lebensenergie erfuhr, als sie die formbildenden und Bewußtsein reflektierenden Bewegungen durchlief... Stadien, die als die Planeten des Sonnensystems identifizierbar sind. Aber nun stellen diese Planeten einen grundlegend verschiedenen Aspekt der Wirklichkeit dar. Sie sind Stationen auf dem Erleuchteten Weg.

Wenn man diese Stationen mit der stark egozentrischen Sicht normaler Menschen betrachtet, so können sie durchaus als die Kreuzwegstationen erscheinen, an deren Ende ein unausweichliches Golgotha steht. Und dann nimmt der Erleuchtete Weg das Aussehen einer *Via Dolorosa* an. Für einen Menschen, der sich in seinem Glauben und in seinen Gefühlen voll und ganz neu orientiert hat, und der in seiner inneren Seelenwirklichkeit zum Erleuchteten Weg geworden ist, ist dieser Weg jedoch eigentlich eine *Via Ardens*, ein Weg des Feuers, das ein geheimnisvolles, verwirrendes Licht auf alles wirft, was er berührt, während seine Augen auf den Stern geheftet sind.

Zweite Phase: Repolarisierung... das Merkurstadium

In dem Evolutionsprozeß, durch den die einheitliche und undifferenzierte Sonnenenergie sich auf ihrem Weg zu den saturnischen Grenzen des Systems langsam differenziert, bezieht sich der erste und wichtigste Modus der Differenzierung auf jenes Energiestadium, das wir als Elektrizität bezeichnen. Es wird durch den sonnennächsten Planeten Merkur symbolisiert. Aber das Wort Elektrizität ist recht verwirrend, da elektrische Phänomene in ihrem Charakter, ihrer Intensität und Erscheinung sehr verschieden sein können. Ein Blitz, der sich gegen den dunklen Himmel abzeichnet, offenbart Elektrizität in ihrer höchst ehrfurchterregenden Form. Wenn wir aber Biologie und das menschliche Nervensystem untersuchen, so lernen wir sehr subtile elektrische Phänomene kennen, deren Wirkungsweise wir mit Sicherheit noch nicht ganz verstehen. Die Menge der elektrischen Energie einer Zelle und in den Aktivitäten der Billionen von Zellen, die im Gehirn eines Menschen vernetzt sind, ist in der Tat sehr klein; und dennoch sind die Wirkungen dieser Nervenströme so weitreichend!

In jedem Fall aber ist das Hauptmerkmal elektrischer Phänomene ihre Bipolarität. Elektrizität in Aktion ist entweder positiv oder negativ. Der Bereich der elektrischen Wirkung ist der Bereich der Dualität. In der Symbolik Merkurs sehen wir, daß die einheitliche Kraft der Sonne zu einer polarisierten Energie wird: das Eine wird zu den Zweien. Nun, da die Zweiheit in die Welt der Aktivität eintritt, ist jede Art der Handlung mit einer entgegengesetzten Art der Handlung konfrontiert, wird durch sie aber auch *ergänzt*. Das ist das große Gesetz der Polarität, und die moderne Physik entdeckt immer noch komplexere und faszinierendere Manifestationen dieses Gesetzes, wie etwa atomare Teilchen und Antiteilchen, Materie und Antimaterie usw. Es gibt auch Teilchen, die keine elektrische Ladung haben (Neutronen, Neutrinos), oder in denen Elektrizität vielleicht auch in einem Zustand jenseits der Polarität existiert... und dennoch wird auch dieser neutrale Zustand vielleicht auf eine andere Weise in Bezug auf irgendeine andere Form polarisiert, die sich unserer Beobachtung entzieht. Vielleicht geschieht dies in dem Sinne, in dem Fülle das Gegenteil der Leere ist...

Diese letzten Worte enthalten vielleicht einen recht wertvollen und bedeutungsvollen Schlüssel zum Verständnis des Prozesses, der hier als der Erleuchtete Weg symbolisiert wird. Könnte es nicht sein, daß dieser Prozeß dann stattfindet, wenn das, was im Sinne der Werte und der Kraft des Sonnensystems ›voll‹ geworden ist, sich in Bezug auf die Werte und Kräfte der Milchstraße ›leeren‹ kann?

Nachdem die evolutionäre sonnengerichtete Flut die Merkurebene des begrifflichen Denkens durchlaufen hat (und dieses Denken ist von einer *übertragbaren* und *vermittelbaren* Ernte von Werten erfüllt, die durch sinnvolle persönliche Erfahrungen gesammelt wurden), nähert sich die individuelle Seele der Sonne. Wird sie es wagen, über die feurige Schwelle der flammenden Photosphäre zu treten und das Herz der Sonne, das

Allerheiligste zu suchen? Die Sonne ist eine ›verschlingende Gegenwart‹, wie es Okkultisten der Vergangenheit ausgedrückt haben. In ihrem Zentrum findet der Mensch die Leere, *Sunya* im Buddhismus, ›Gottes Armut‹ in der christlichen Mystik. Der Mensch entblößt und leert sich voll und ganz, er wird zur Leere.

In diesem quasi zeitlosen Augenblick äußerster Entblößung und Entbehrung kann die individuelle Seele die ungeheuer friedlichen und gleichmäßigen Schläge im Herzen der Sonne spüren. Sie erlebt die Sonne als Stern, als eine vibrierende Einheit in der ›Gemeinschaft der Sterne‹, als einen Bestandteil der riesigen Milchstraße. In diesem Erlebnis verliert die individuelle Seele sich selbst und entdeckt sich gleichzeitig auch wieder. Sie entdeckt sich als Pilger, der bereit, willens und fähig ist, den Erleuchteten Weg zu beschreiten, der sich von einem ›Strahl der Sonne‹, einem blitzenden und leuchtenden ›Pferd‹ in der vedischen Symbolik tragen läßt... es ist der Pegasus, der geflügelte Hengst der griechischen Mythologie.

Die Seele betritt den Weg der Wiederkehr, und als erstes erkennt sie, daß sie nun allen Tatsachen der Existenz im Sinne einer neuen Polarität des Bewußtseins gegenübersteht... das heißt all jenen Dingen, die es in diesem Augenblick erst dunkel als die Milchstraßenebene des Bewußtseins erkennen kann. Die Seele ist wieder wie ein ›kleines Kind‹, das zu lernen versucht, indem es sich mit dem Verhalten der Eltern polarisiert... und dieser Vorgang ist genau das, was die Ausdrücke ›die Nachahmung Christi‹ und ›das Schauen der Gegenwart Gottes‹, die so oft mißverstanden wurden, im Grunde bedeuten. Die Milchstraße ist jetzt eine erlebte und empfundene Gegenwart, eine tiefe Anziehungskraft. Der Strahl der Sonne bewegt sich durch diese Kraft der galaktischen Gravitation, und die individuelle Seele – fasziniert und dennoch noch immer unsicher – versucht, sich zu festigen, und nicht die Richtung zu verlieren, die ihr von einem mysteriös und fast schmerzhaft intensiv leuchtenden Sehzeichen geoffenbart wurde. Aber rings um dieses Licht aus dem Zentrum der Milchstraße lassen zahllose strahlende Formen verwirrende und oftmals verführerische Bilder entstehen, denen die Seele nicht folgen darf, wenn sie nicht ihren Weg in den interstellaren Räumen verlieren will... und die Okkultisten sprechen von der gefährlichen Möglichkeit, sich spirituell von großen ›Sternenerzengeln‹ verführen zu lassen, die nach einer Operationsbasis unter den Menschen suchen.

Das Bewußtsein sollte auf jeder Ebene die Manifestation der Ganzheit eines organischen Ganzen sein, aber ein Organismus hat mehrere Organe und Billionen von Zellen, von denen jede ein gewisses Maß von Unabhängigkeit besitzt und selbst in seinem eigenen Feld ebenfalls als Ganzes funktioniert. Deshalb gibt es verschiedene Arten des Bewußtseins. Wenn man Merkur als das letzte Stadium des evolutionären Prozesses in der Entwicklung des Bewußtseins betrachtet, bevor die Flutwelle des Lebens zu ihrer Sonnenquelle zurückkehrt, so ist er die Kraft, mit der Verallgemeinerung und Synthese als Ernte eingebracht und klassifiziert werden kann. Er erzeugt Symbole (Wörter, Bilder, Handlungsreihen), die uns dabei helfen, den ›ganzheitlichen‹ Sinn und Zweck unserer Erfahrungen zu verstehen. Er erzeugt philosophische, ethische und logische Systeme. Er konstruiert die großen Theorien der Wissenschaft, aus denen das entsteht, was die

Menschen als ›Naturgesetze‹ betrachten, Gesetze, die jedoch vielleicht nur auf unser Universum zutreffen, oder vielleicht nur auf das Stadium des kosmischen Prozesses, in dem wir jetzt leben.

In diesem idiosynkretistischen Zustand verwendet Merkur auch das Prinzip der Polarität, in dem Sinne des logischen Ausschlusses, dem ›Entweder-Oder‹- und ›Wahr-oder-Falsch‹-Prinzip der aristotelischen Logik und vieler unserer modernen sogenannten psychologischen Tests. Auf der Ebene intellektueller Systeme ist dieses Prinzip eine Transformation des saturnischen Widerspruches zwischen den Insidern und Outsidern, den Menschen, die zum Stamm oder der Kleingruppe gehören, und den Ausländern, den Fremden. Wenn man die ›Form‹ als das betrachtet, was das Äußere von einem Inneren trennt, haben wir das Prinzip der Dualität vor uns. Und dennoch kann es auch das bedeuten, was das Äußere mit dem Inneren verbindet und auf diese Weise die Schwelle gegenseitiger Kommunikation ausmacht.

Der ganze Prozeß der Evolution des Lebens, der symbolisch gesehen die wiederkehrende Flut der Energien von den durch Saturn definierten Grenzen zur Sonne ist, wird durch die saturnische Kraft bestimmt. Wo kein organisches Leben ist, da muß eine Form vorhanden sein, so will es das saturnische Prinzip des Ausschlusses. Das Innere muß immer vom Äußeren essentiell getrennt bleiben. Es muß einen definierenden und auf diese Weise begrenzenden und strukturierenden ›Bezugsrahmen‹, das Ego geben, und dieses Ego funktioniert durch eine zumindest relative Isolierung. Nur eine begrenzte Anzahl und Auswahl von Daten soll das Gehirn vermittelter Sinne erreichen, wenn die Kraft des Gehirns, solche Erfahrungsdaten miteinander in Verbindung zu bringen, effektiv wirken soll, und wenn Chaos oder Verwirrung vermieden werden soll. Aus diesem Grunde werden Sicherheitsvorrichtungen eingebaut, und zwar durch die Kultur und Religion der eigenen Gruppe, des eigenen Volkes, wie auch durch die jeweils eigenen Ängste und Unsicherheiten des Individuums, und deshalb darf nur das, was für das Bewußtsein annehmbar und nicht schockierend ist, den ›Zensor‹ passieren. Dieser Zensor (der durch Freud popularisiert wurde) ist zu jeder Zeit eifrig damit beschäftigt, das zurückzuweisen, herauszuwerfen oder ins Unterbewußte abzudrängen, was einen zerstörerischen Schock erzeugen könnte oder Bilder beschwören könnte, die für den normalen Gefühlsrhythmus einer Person gefährlich sind.

Wenn der Feuerofen der Sonne erreicht und durchlaufen wurde, so verändert sich die Situation grundlegend und dennoch zunächst noch nicht vollständig; denn die meisten menschlichen Wesen ziehen sich in Furcht und Schrecken zurück, wenn sie in die Nähe der Sonne kommen. Immer wieder treten sie in den ihnen vertrauten, obwohl von Schmerzen erfüllten, zentrifugal/zentripetalen Zyklus des *Samsara* ein, des Rades von Leben und Tod. Nur einige wenige wagen es, durch die Prüfung des Feuers hindurchzugehen, und vielleicht erreichen nur einige wenige von ihnen das Herz der Sonne, das Leere und seine Ehrfurcht gebietendes Schweigen.

Und dann betreten die Mutigen den Erleuchteten Weg, und als erstes erkennen sie ganz unausweichlich mit einer mehr oder weniger scharfen und aufwühlenden Intensität (je nach der Art ihrer vergangenen Erfahrungen), daß ihre Haltung zu so gut wie allen Dingen, die sie in ihrer Umgebung antreffen, sich grundlegend verändert hat. Selbst ihre Erinnerungen aus der Vergangenheit nehmen eine neue Farbe an. Irgend etwas in ihnen, wenn auch nicht das Ganze ihrer Persönlichkeit, die noch immer stark von den alten Gewohnheiten beeinflußt ist, interpretiert ihre Erfahrungen im Sinne einer *neuen ›Einschließlichkeit‹* vollkommen neu.

Obwohl diese Einschließlichkeit nun nicht mehr durch eine starre Form oder ein logisches Prinzip bestimmt wird, bringt sie dennoch nicht das Gefühl von Chaos mit sich. Jede Erfahrungstatsache, jedes Erinnerungswissen scheint auf irgendeine Weise stimmig mit irgendeiner Tatsache in Beziehung zu stehen. Die scharfen Unterschiede zwischen Innen und Außen sind nicht nur abgeschwächt, sondern werden vielmehr in ihrer Harmonie mit einem größeren und umfassenderen Gewebe von Aktivitäten wahrgenommen. Nichts scheint jetzt mehr ganz wahr zu sein, nichts vollkommen falsch. Alles gehört zu irgend etwas anderem, es gibt keine wirklichen Outsider mehr, keine Tatsache wird ›verdammt‹, keine Idee erscheint unannehmbar. Kein Verhalten ist in starrer Weise unverständlich oder abstoßend, weil jede Handlung ganz unausweichlich mit ihrem Gegenteil verbunden ist, und jedes Licht in sinnvollem Gegensatz zu seinem Schatten hell leuchtet.

Und dennoch *weiß* der Mensch, der den Erleuchteten Weg beschreitet auf eine undefinierbare Weise und ganz ohne Zweifel um die Wirklichkeit des Weges, dem er folgt (dem Strahl der Sonne, der ihn weiter trägt), um die Wirklichkeit der Tatsache, daß es irgendwo in der ungeheuren Weite der Milchstraße einen Stern gibt, der sein galaktisches Selbst, sein ›Ort‹ und seine Funktion in diesem ungeheuren Organismus strahlenden Bewußtseins und strahlender Kraft ist. Er weiß, daß er sich in zunehmendem Maße seiner eigenen stellaren Wahrheit, seines innersten *Dharma* bewußt werden will, daß seine Fähigkeit, die der ganzen galaktischen Anordnung der Sterne wirkenden Prozesse zu verstehen, sich Schritt für Schritt entwickeln wird, und bei dieser neuen und weiteren Art des Verständnisses wird nichts als irrelevant oder unbedeutsam ausgelassen werden.

In dem Maße, wie der Reisende sich auf dem Weg des Sonnenstrahls weiterbewegt, identifiziert er sich schließlich vollständig mit diesem Strahl. Auf irgendeine kaum verständliche Art wird er zu diesem Weg selbst, wenn er nicht (die Möglichkeit ist immer vorhanden) in Panik gerät oder sich von irgendeinem mächtigen Sternenwesen in Bann schlagen läßt, dessen intensive Gravitationsanziehung ihn von seinem ›Sonnenpferd‹ herabwerfen und unwiderstehlich in eine ex-zentrische Umarmung ziehen wird, in der er vielleicht auf immer und ewig seine stellare Identität verliert.

In diesem ersten Stadium der Pilgerreise auf dem Erleuchteten Weg ist die individuelle Seele noch immer ein Lehrling in den spirituellen Dingen. Er muß auf neue Weise das Lernen lernen, und wie er seine mentalen Prozesse gründlich und dauerhaft polarisieren kann, wie er seine neuen und alten Verantwortlichkeiten mit einer neuen Haltung auf sich nehmen kann. In diesem Stadium entstehen vielleicht neue Arten der Wahrnehmung. ›Astrale‹ Farben, Symbole, geheimnisvolle Klänge können wahrgenommen werden, aber sie verwirren manchmal mehr als daß sie den Prozeß des Verstehens unterstützen, und sind in Bezug auf die Erreichung des wesentlichen Zieles, des galaktischen Mittelpunktes, also Gottes, weniger real als illusionär. Bestenfalls sind sie nur besondere Manifestationen des geistigen Repolarisierungsprozesses und ›ganzheitliche‹ Wahrnehmungsweisen. Wenn sie zu früh aufkommen, so erzeugen sie meist einen Glanz, der es den Reisenden vergessen läßt, daß jede dieser Kräfte seine spirituelle Verantwortlichkeit steigert. Seine allerwichtigste Aufgabe ist es, die Fähigkeit zu entwikkeln, *durch* alle die Tatsachen seiner Existenz hindurchzusehen, ihre Bedeutung zu verstehen und zwar mit dem nunmehr erweiterten Gefühl, ein Teil eines kosmischen Ganzen zu sein, in dem alle Teile miteinander zusammenhängen, in dem aber auch jeder einzelne Teil seinen eigenen Platz, seine eigene Funktion und Identität besitzt.

Das kleine Wort ›durch‹ gewinnt hier eine ungewöhnliche Wichtigkeit und Bedeutsamkeit. Der Erleuchtete Weg erstreckt sich nicht in irgendeine neue und geheimnisvolle Dimension des Raumes, er durchquert keine Felder im Raum, die dem Reisenden vollkommen unbekannt sind. Unvertraut sind für ihn vielmehr *seine eigenen Reaktionen* auf das, was er antrifft, seine Antwort auf seine Begegnungen. Die Landschaft ist oftmals genau dieselbe, die er auch vorher kannte, die Menschen, die er trifft, sind die, die er auf dem Entwicklungsweg vom Saturn zur Sonne getroffen hat, er kann also durchaus auf demselben Weg reisen... und dennoch ist alles verschieden, weil er jetzt verschieden ist.

Ich habe von der Pilgerreise der Seele auf dem Erleuchteten Weg als ›Transvolution‹ gesprochen, da es der Weg durch alles das ist, was zuvor geschehen ist, aber nicht im Sinne einer ›Rekapitulation‹ vergangener Erfahrungen, sondern einer ›Transzendierung‹ dieser Erfahrungen. Transzendieren bedeutet wörtlich: hindurchtreten. Das Adverb ›durch‹ hat hier eine sehr mächtige Bedeutung, die auch ein ›jenseits‹ sowie eine Transformation (ein Hindurchdringen) und im Prozeß des Hindurchdringens eine Neupolarisierung des Bewußtseins beinhaltet.

Der französische Autor und Filmregisseur Jean Cocteau verwendete verschiedentlich die Symbolik des Durch-einen-Spiegel-Springens. Der Spiegel reflektiert das eigene Bild, den normalen Sinnen erscheint er aus festem Glas zu sein. Wenn der es Anschauende es wagt, mit seiner ganzen Kraft durch den Spiegel zu springen (und insofern auch durch sein eigenes Bild), so entdeckt er sich selbst in seiner Bewegung durch eine flüssige Welt, in der alles, worauf er trifft, neue Bedeutungen offenbart.

Das ist ein wichtiges Symbol, das unsere Vorstellungskraft stimuliert, denn unser Ich-Bewußtsein kann als Reflexion unserer Handlungs- und Erscheinungswesen in der alltäglichen Welt betrachtet werden. Wir müssen es wagen, durch dieses Bewußtsein hindurchzustoßen... nicht notwendigerweise in einer einzigen spektakulären Anstrengung, die die Rationalität und den gesunden Menschenverstand herausfordert (also das Durchbrechen durch festes Glas), sondern in einem Prozeß der ›Transvolution‹, die auf einer radikalen Neupolarisierung des Bewußtseins basiert.

Auf dem Erleuchteten Weg stellt Merkur diese Phase der Neupolarisierung dar. In der griechischen Mythologie war Merkur der Diener von Zeus-Jupiter, dem Herrscher des sichtbaren Himmels und dem Bewahrer der traditionellen Ordnung. Ohne Unterlaß führte er die Aufträge seines Herrn aus, und tatsächlich ist der evolutionäre Merkurgeist normalerweise der Diener der althergebrachten Ordnung der Gesellschaft und Kultur, zu der er durch seine Geburt gehört. In Bezug auf die Bewegung des Seelenbewußtseins, das auf dem Strahl der Sonne auf das galaktische Zentrum zurast, ist Merkur der Geist, der sich mit diesem Strahl der Sonne identifiziert hat. Merkur ist damit also das transvolutionäre Streben zu einer immer umfassenderen, kosmisch stimmigeren und sinnvolleren Verwirklichung aller Aspekte der Existenz, und zwar ohne Rücksicht auf Erscheinungen und Begriffe oder Gefühlsreaktionen, die von der Tradition bestimmt werden. Es ist das sternenorientierte Bewußtsein, ein Bewußtsein, das mit den integralen und harmonischen Schwingungen der Milchstraße mitschwingt. Es ist der Geist des Verständnisses, und Verständnis beinhaltet auch Verantwortlichkeit.

Wer wirklich ›unter‹ den Manifestationen der Existenz ›steht‹, mit denen ihn sein Schicksalsweg verbindet, der ›ver-steht‹ sie. Wenn auch nur in einer subtilen und transzendenten Art, so trägt er dennoch das Gewicht dieser Manifestationen. Bloßes Wissen kann den Wissenden von den Dingen getrennt halten, weil er außer ihnen steht. Wirkliches Verständnis aber ist nur durch einen Prozeß der Beziehung möglich, der selbst dann eine spirituelle Verantwortlichkeit beinhaltet, wenn er nicht im engen Sinne des Wortes eine ›Identifikation‹ ist. Wirkliches Verständnis bedeutet, daß die Beziehung zwischen allen Formen der Existenz angenommen wird, und daß der Teil dem Ganzen zumindest relativ unterworfen ist.

Wenn ein Bewußtsein sich mit aller Beharrlichkeit von den Dingen trennt, die es kennt und die Verantwortlichkeit abweist, so hat es den Denkenden bereits über jene Schwelle geführt, die den Eingang zum ›Weg des Schattens‹ markiert, der das dunkle Gegenteil des Erleuchteten Weges ist. Ein solches Gegenteil muß es geben, denn in diesem merkurischen Reich bestimmt die Polarität alle Möglichkeiten der Existenz. Merkur bedeutet Unterscheidung, und auf dem Erleuchteten Weg kann diese Unterscheidung nur ein sehr feines und flüchtiges Aussehen annehmen. Dies ist die Phase des spirituellen Prozesses, der in der populären mystischen Literatur als die ›Schneide der Rasierklinge‹ popularisiert wurde. Die Wahl zwischen Dunkelheit und Licht liegt sehr oft an einer Unterscheidung zwischen zwei feinen Nuancen dessen, was als Licht erscheint.

Das Bewußtsein des normalen Menschen kann diese Unterscheidung nicht treffen, wenn er nicht durch das Wirken einer spirituellen Macht und in vielen Fällen durch die mitführende Handlung eines Großen repolarisiert wurde, der an seiner Seite steht, wie auch Krishna an Arjunas Seite stand, als der letztere in äußerster Niedergeschlagenheit eine Entscheidung treffen mußte, die entweder seine Verwandten oder seine Freunde vernichten mußte, die sich kampfbereit auf dem Schlachtfeld gegenüberstanden.

Beim Betreten ›des Weges‹ ist es wirklich oft sehr schwierig, zwischen wirklichen Freunden und den Feinden zu unterscheiden, denn das Individuum hat sich nun zwar endgültig entschlossen, auf dem Erleuchteten Weg zu den Sternen zu gehen, bemerkt aber, daß er nicht nur an menschliche Wesen aller Arten gebunden ist, sondern auch zumindest in geringerem Ausmaß an traditionelle Werturteile wie etwa der Bedeutung von Kategorien oder Tatsachen. Er muß einen neuen Blickwinkel gewinnen, einen neuen Bezugsrahmen für die Wahrheit. Er braucht ein neues Bild der Wirklichkeit, und deshalb bittet er (wiederum wie Arjuna in der Bhagavad Gita) Krishna, seinen wahren Lenker und Lehrer, ihm in einer Vision die allumfassende Macht des Höchsten Wesens zu offenbaren.

Es ist eine schreckliche Vision, und Arjunas Bewußtsein kann den Anblick kaum ertragen. Er bittet seinen Lehrer und göttlichen Meister darum, wieder Seine begrenzte Form als menschliches Wesen anzunehmen. Er ist noch nicht bereit, sich mit dem zu konfrontieren, was in unserer astrologischen Symbolik die wirkliche Form wäre, die wir sehen könnten, wenn wir die ganze linsenförmige Milchstraße als Linse verwenden könnten, um nach jenseits zu blicken... jenseits des Zentrums unseres eigenen Universums. Ein solches ›Nervenversagen‹ ist tatsächlich weitverbreitet. Die Evangelien erzählen uns, daß die Jünger auf dem Berg der Verklärung das, was ihrem Meister geschah, weder ertragen noch verstehen konnten. Eugen O'Neills bemerkenswerte Tragödie ›Lazarus Laughed‹ (Lazarus lachte) endet mit den treffenden Worten: die Menschen vergessen. Sie vergessen, weil selbst bei den besten von ihnen das, was verstehen kann, nur ein Teil ihres Bewußtseins ist... eines Bewußtseins, das noch nicht sicher auf dem Erleuchteten Weg reist, ein Bewußtsein, das gegen sich selbst steht.

Es sind neue Erfahrungen des Sehens, Hörens und Empfindens vonnöten. Es muß ›Vision‹ geben... klar, ungetrübt, empfänglich, frei von Halluzinationen und verführerischen Formen oder von bloßen Stimmungen der Einheit, die als ›kosmisches Bewußtsein‹ mißverstanden werden. In diesem Stadium auf dem Weg kann sich der Jünger Gott als das universelle Auge vorstellen... jenes Auge, das sich nicht nur niemals schließt, sondern das sich nicht schließen kann, das lidlose Auge des allumfassenden Bewußtseins. Jedes Individuum, das nun am Lichte seines Sonnenstrahls festhält, der ihn zu dem Stern führen kann, der seine himmlische Identität ausmacht, muß ohne Unterlaß an diesem Bewußtsein festhalten. Ein solcher Mensch muß alle Dinge und alle Menschen, alle Entscheidungen und jede Liebe mit offenen Augen betrachten, denen es allmählich unmöglich wird, sich zu schließen.

Das erfordert unzähmbare Kraft, eine Kraft und einen Mut, die für einen Menschen ziemlich unverständlich sind, dessen Augen nur unklar wahrnehmen, und dessen inneres Sein nicht wirklich reagiert, da es durch die saturnische Struktur seiner Egozentrik isoliert ist. Äußerste Dunkelheit und verzweifelte Bedrängtheit zu erleben, und dennoch mit Verständnis und Liebe zu antworten, während man sich am Strahl des Geistes festhält und sich nicht vom Erleuchteten Weg abbringen läßt... bedeutet wirklich Kraft. Wer sich von dieser Kraft erfüllt erhebt, ist durch das Tor des Merkur gegangen. Er hat die Prüfungen der Repolarisierung des Bewußtseins mit Erfolg bestanden. Er bewegt sich mit zentriertem Blick durch neue Erfahrungen der Wirklichkeit.

Dritte Phase: Neubewertung ... das Venusstadium

Die beiden ersten Stadien des inneren Verwandlungsprozesses, nämlich die Neuorientierung in der Kraft des Bewußtseins, führen zu einer dritten Phase, die durch Venus symbolisiert wird. Wir haben gesehen, daß man die Merkurphase (oder Merkurfunktion) im vollständigen Zyklus des Lebens auf dreierlei verschiedene Weise interpretieren kann: 1.) im Sinne eines involutionären Prozesses der Differenzierung elementarer Geistenergie in die verschiedene Kräfte, die alles organische Leben besäen, 2.) im Sinne der evolutionären Entfaltung menschlicher Fähigkeiten, menschlichen Bewußtseins, und 3.) in bezug auf einen dritten Vorgang (Transvolution), der durch den Erleuchteten Weg dargestellt wird. In gleicher Weise kann auch Venus auf dreierlei Art verstanden werden. Die mythologische Symbolik hat diesen Planeten bereits unter zwei Aspekten dargestellt: als Venus-Luzifer, den Morgenstern und Venus-Hesperus, den Abendstern ... einerseits geht es also um die Verkündung des Lichtes, andererseits um die Ernte der Erfahrungen des vergangenen Tages.

Im Bezugsrahmen der involutionären Differenzierung stellt Venus als Morgenstern das dar, was wir heute als ›Magnetismus‹ bezeichnen. Da Merkur das Symbol der bipolaren elektrischen Aktivität ist, sollten diese beiden Planeten innerhalb der Erdumlaufbahn als eng verwandt betrachtet werden. Denn Elektrizität und Magnetismus sind fast untrennbare Ausgangsformen von Energie. Zumindest vom Standpunkt der astrologischen Symbolik aus gesehen machen sie die beiden ersten Stadien der Differenzierung jenes solaren Potentials aus, das die undifferenzierte Quelle aller Energien ist, die in einem lebenden Organismus zur Wirkung kommen. Elektrizität, die durch ein ›Feld‹ oder in seinem Kern wirkt, läßt verschiedene elektromagnetische Prozesse entstehen. In ihrer Gesamtheit bilden sie die dynamische Grundlage des organischen Lebens, das elektromagnetische oder ›Aurafeld‹, das den physischen Körper sowohl umgibt wie auch durchdringt.

Okkulte Traditionen, und zwar im Westen ebenso sehr wie im Osten, sprechen vom ›astralen Körper‹ eines Menschen. Unglücklicherweise hat dieser Ausdruck mehrere verschiedene Bedeutungen in theosophischen oder pseudotheosophischen Schriften erhalten. Die ›astrale Welt‹ aus dem Bereich ›reiner Kräfte‹ sollten wir vom Reich des Physischen unterscheiden, indem wir alle materiellen Veränderungen beobachten können... Veränderungen, die das Verhalten von Materieteilchen in, zu und von organisierten Ganzen (Atomen, Molekülen, Zellen, Organen, Körpern, Gesellschaften usw.) bestimmen.

Wenn wir von ›reinen Kräften‹ sprechen, meinen wir damit Kräfte, die in sich selbst ohne die Begrenzung des materiellen Stoffes betrachtet werden. Wenn also die moderne Physik Licht als die Bewegung von Wellen interpretiert, spricht sie von reiner Kraft. Was beobachtet wird, ist nicht der Stoff in Bewegung, sondern der Rhythmus der Kraft in Bewegung. Tatsächlich ist der Begriff des Stoffes fast vollständig aus dem Weltbild verschwunden, das uns die gegenwärtige Physik vorlegt. Stattdessen ist dieses Weltbild fast identisch mit dem, auf das der Okkultist der Gegenwart oder der Alchimist und Rosenkreuzer des Mittelalters und der frühen Rennaissance anspielte, wenn er vom ›astralen‹ Reich sprach... dem Reich der *Natura Naturens*, der Welt der Bildekräfte.

Dieses Reich darf aber nicht mit dem verwechselt werden, was im populären Gebrauch des Wortes mit dem Ausdruck ›astral‹ bezeichnet wird. Damit nämlich ist das Reich illusionärer Wahrnehmungen, emotionaler Süchte und desintegrierender Nebenprodukte des Bewußtseins gemeint, das Freud'sche Unterbewußte, Jungs persönliches Unbewußtes und das ›sublunare Reich‹ der mittelalterlichen Okkultisten. In ihrem involutionären Aspekt ist die Venusfunktion eine schöpferische und bildende Kraft. Auf der Grundlage der elektrischen Aktivität der Merkurfunktion produziert sie elektromagnetische Felder. Die diffusen und unzusammenhängenden Stoffe, die im Raum zerstreut sind, werden in diese Felder gezogen. Dort nehmen sie bestimmte Muster an, wie auch Eisenspäne im elektromagnetischen Feld eines Magneten sich zu einer mehr oder weniger symmetrischen Form ordnen.

Solche Muster, die von stofflichen Elementen aller Art angenommen werden, machen das sichtbar, was als die Kraftringe des magnetischen Feldes bezeichnet wird. Die Venuskraft beschäftigt sich mit der Organisation der Kraftlinien, nicht aber mit den Stoffen, die durch sie angezogen werden und sich auf ihnen bewegen. Magnetische Kraftlinien sind Ergebnisse von mehr oder weniger steten und dauerhaften Kombinationen von Wellenbewegungen. Sie sind Ausdrucksformen ›reiner Kräfte‹ in Aktion. Wenn man diese dynamischen Muster in elektromagnetischen Feldern ausschließlich aus dem Blickwinkel der Venusfunktion betrachtet, so existieren sie ohne irgendeinen Bezug zu alldem, was sich entlang ihrer Flußrichtungen verdichtet und vorwärtsbewegt. Sie stellen Wirklichkeit auf der echten ›astralen‹ Ebene dar: es ist die Ebene einer *involutionären* Venusfunktion. Der Prozeß der Verdichtung von Stoffteilchen am Rande dieser Kraftlinien bezieht sich auf einen bestimmten Aspekt der Mondfunktion, nämlich der Bildung materieller Organismen innerhalb der lunaren Matrix. Venus-Luzifer (wörtlich ›Lichtträgerin‹) befaßt sich mit Mustern des Lichtes, mit der archetypischen Form des Menschen.

Bezogen auf die *Evolution* tatsächlicher irdischer Organismen und menschlicher Persönlichkeiten symbolisiert Venus im wesentlichen den Faktor des ›Wertes‹. Auf der Ebene des individuellen Bewußtseins befähigt die Venusfunktion den Menschen, zwischen dem zu unterscheiden, was für sein individuelles Wachstum wertvoll ist, und dem, was wertlos oder möglicherweise sogar zerstörerisch ist. ›Gefühle‹ sind die unmittelbaren Manifestationen von Werturteilen ... aber es sind nicht geistige Urteile, sondern instinktive, organische, emotionale und angeborene kulturell-gesellschaftlich-sittliche Urteile. Liebe und Haß, Anziehung und Abstoßung, Glück und Unglück, das emotionale Gefühl dessen, was schön und was häßlich ist... all diese Gegensätze resultieren aus Werturteilen bezogen auf die Lebensbedürfnisse unseres Körpers, unserer Seele, unseres kulturellen und moralischen Gefühls, das uns befähigt, am gesellschaftlichen Prozeß teilzunehmen. Diese Urteile schaffen die Grundlage für das persönliche Gefühlsleben des Menschen, in den meisten Fällen bestimmen sie größtenteils, oder beeinflussen und leiten zumindest die Merkurphase seines inneren Lebens und damit die Entwicklung von verallgemeinerten Bildern, Abstraktionen, Begriffen und Systemen.

Wenn ein Individuum einmal den Erleuchteten Weg betritt, so erfährt die Venusfunktion eine tiefe Verwandlung. Der Magnetismus des Ego muß durch einen Prozeß der Identifikation mit der Qualität und dem Sinn der Sonnenentität Seele erneuert werden. Jede persönliche Verhaltensgewohnheit und alle kulturellen und sittlichen Werte gewinnen Schritt für Schritt einen neuen Sinn und Zweck. Eine solche radikale Neubewertung wurde von den christlichen Mystikern folgendermaßen beschrieben: nicht mehr ich lebe, sondern Gott lebt mich.

Und dennoch liegt die Betonung während der Venusphase der ›Neubewertung‹ nicht auf äußerer Aktivität, das gehört eher zur nächsten Phase, die durch Mars symbolisiert wird. Die Betonung liegt vielmehr auf der Veränderung von Werten, und das ist mit dem Wort ›Sinneswandel‹ gemeint oder in religiöser Terminologie mit dem Vorgang der ›Bekehrung‹. Der Mensch existiert in den Werten, die er seinen inneren oder äußeren Erfahrungen beimißt. Wenn er diese Werte verändert, so ist er nicht mehr wie er war. Seine Tätigkeiten verändern sich, oder wenn sie nach außen hin gleichbleiben, so gewinnen sie eine neue Qualität der Strahlung, eine neue Potenz.

Es war Nietzsche, der die Formel ›Umwertung aller Werte‹ popularisierte. Aber dieser deutsche Philosoph und Dichter erwies sich als Zerstörer kultureller und religiöser Bilder. Man braucht solche Zerstörer, aber ihr

Schicksal und ihre Verantwortung sind tragisch. Sie sind wie die Bombe, deren Explosion die Energie freisetzte, die im elektromagnetischen Feld der Atome von Uranium und Plutonium eingeschlossen waren. Sie setzen Kraft frei... aber zu welchem Zweck? Befreiung von veralteten Werten muß selbst einen Wert gewinnen. Und sie kann nicht mehr wert sein als in ihrem letztendlichen Zweck liegt. Jeder, der nutzlos gewordene kulturelle, ethische, religiöse Werte zerstört und sie nicht *durch die Kraft neuer und größerer Werte ersetzt,* verfängt sich in der Zerstörung wie Samson unter den Ruinen des Tempels. Das ›solare‹ Individuum (der Christ gewordene Jesus) zerstört den Tempel nicht, sondern reinigt ihn. Er zerstört nicht das Gebäude der menschlichen Werte, sondern durchflutet die Seelen der Menschen mit einem neuen Magnetismus, er gibt den Menschen von ›lebendigem Wasser‹ zu trinken, das das Wasser der Tradition überlagert und als veraltet erweist.

Worin besteht dieser neue Magnetismus? Woher kommt dieses ›lebendige Wasser‹, von dem Jesus spricht? Dieses ›Wasser‹ fließt ohne Unterlaß aus dem symbolischen Herzen der Sonne als Strahlen des Geistes hervor. Und diese Strahlen sind die elektromagnetischen ›Kraftlinien‹ des solaren ›Feldes‹. Die Verwandlung von alten zu neuen Werten stellt sich tatsächlich als ein Übergang von einem geozentrischen zu einem heliozentrischen Feld von Werten dar. Ebenso wie die Mondfunktion von Saturn ›wegorientiert‹ werden und auf die Sonne hingerichtet werden muß, bevor das Ego durch die Kraft des Sonnenstrahls auf dem Erleuchteten Weg reisen kann, so muß die Venusfunktion durch den Sinn und die Qualität dieses Strahls neu magnetisiert werden. Das Bewußtsein des Individuums wurde während der Merkurphase auf dem Erleuchteten Weg ›neupolarisiert‹, es wurde auf den großen Stern hingerichtet. Aber eine neue Richtung ist nicht genug. Man braucht neue Werte, ein neues Muster für die Ziele und Sinnzusammenhänge geistiger Aktivitäten. Es genügt nicht, daß die Gedanken und Begriffe durch veränderte Sinneswahrnehmungen erneuert werden. Die Qualität und der Sinn des Denkens selbst muß neu bewertet werden.

Der Wert geistiger Aktivität darf nicht als selbstverständlich hingenommen werden. Warum denken Menschen? Warum überhaupt soll man bewußt sein? Wozu die Verbindung von Bildern und Begriffen? Das sind keine sinnlosen Fragen. Die übliche moderne Antwort auf sie lautet, daß der Gedanke als Werkzeug dient, um das Überleben zu sichern, eine bessere Anpassung an die Umgebung, eine komplexere Entwicklung der menschlichen Person in Körper und Seele zu sichern. Der Erleuchtete Weg aber erfordert nun eine ›heliozentrische‹ Antwort. Verstand und Bewußtsein dürfen nun nicht mehr als Werkzeuge für das Überleben oder eine größere Entwicklung des Körpers oder selbst der ganzen Persönlichkeit begriffen werden. Sie verwandeln sich in Orte der Organisation und Freisetzung von Seelenkraft, jener Kraft, die das neuorientierte und neupolarisierte bewußte Ich befähigt, sich in neuem Licht und mit verwandeltem Herzen auf ein neues Ziel hinzuarbeiten: nämlich den Stern zu erreichen, der die dauerhafte Identität des Menschen ist, und zwar in einer voll und ganz integrierten und unsterblichen, auf den Geist eingestellten *Form des Bewußtseins*.

Diese neue Form des Bewußtseins ist es, was die europäischen Mystiker als den Christuskörper oder den

Mantel der Glorie bezeichnet haben. Während der Venusphase des Erleuchteten Weges bildet sich dieser Lichtkörper im Samen. Es ist ein solarer Same, der in der Strahlung der Sonne zentriert ist, nicht länger ein dunkler Same, der durch die Zwänge der irdischen Natur vorwärtsgetrieben wird. Er ist mehr als ein elektromagnetisches Feld und mehr als eine Ausdrucksform von Wert. Er ist für das individuelle Ich das Mittel, um den Stern zu begreifen, den Stern und damit das Ziel seiner Reise auf dem Weg des Sonnenstrahls, der zu seinem kosmischen Ursprung zurückkehrt. Dieses Begreifen gründet sich auf einem Gefühl des Wertes, aber auch auf der Fähigkeit, in sympathischem Widerhall mit dem zu verstehenden Gegenstand zu vibrieren. Die neubewertete Venusfunktion bildet gewissermaßen einen spirituellen Resonanzkörper für den Ton, der durch den größeren Zyklus menschlicher Annäherung an den Stern, den *individualisierten* Vater im Himmel klingt. Dieser Resonanzkörper ist ein Gewebe solarer Lichtsubstanz. Man könnte sagen, er ist wie ein Radarinstrument, das die Topographie der Annäherungen an der Stern und die Qualität aller Erfahrungen auf der erleuchteten Straße offenbart. Auf der Grundlage dessen, was auf diese Weise enthüllt wurde, kann das Individuum nun neue Wertmaßstäbe setzen. Durch den Nebel irdischer Illusion und Sinnesverwirrung hindurch kann ein Mensch nun die Wirklichkeiten sehen, die wirklich zählen und bezogen auf das Ziel des Erleuchteten Weges von Bedeutung sind. Er kann die vielen Schleier menschlichen Glanzes durchdringen, sei es im Feld der Kultur, der Religion oder der sozialen Einrichtungen. Er kann die grundlegenden Werte der aus dem Geist geborenen menschlichen Sucher wahrnehmen und sich durch die verwirrende Vielzahl von humanitären und vor allem materiellen

Ideen nicht irreleiten lassen, die dem guten und gefühlvollen Menschen als letztendliche Ziele dargeboten werden. Dennoch wird er diese Ziele nicht ablehnen, sondern sie in einer anderen Art, in einem neuen Bezugsrahmen neu bewerten.

Wenn das Individuum diesen dritten Schritt auf dem Erleuchteten Weg vollendet hat, so ist der Magnetismus seiner Persönlichkeit grundlegend verändert. Auf merkwürdig neue Weise scheint Licht durch seine Augen, man spürt in ihm und von ihm ein Leuchten des Geistes, eine Kraft, eine Sicherheit, ein Wissen, das im Sinne normaler Gesundheit oder Körper- und Geisteskraft nicht erklärt werden kann. Dieses Leuchten wird in dem Maße zunehmen, wie die Reise zum Stern voranschreitet. Es wird sich in strahlenden Handlungen, in neuen Anordnungen und in der Kraft, alles zu erneuern, darstellen. Es wird sich langsam, Schritt für Schritt, vielleicht auch mit zeitweiligen Rückschlägen verwirklichen. Aber das Leuchten des Geistes muß letztlich den Sieg über alle mentale Umwölkung und instinktiven Reize davontragen. Dieses Leuchten wird im Feuerofen der Werke gewinnen, die für und als Geist vollzogen werden. Es wird durch die Feuerproben gewinnen, die durch menschliche und allzu menschliche Liebesleidenschaften unbewußt inganggesetzt werden. Es wird im Licht und durch die Kraft des Lichtes gewinnen, sofern das Individuum das Ganze seiner Persönlichkeit neu bewertet, und zwar im Sinne einer Geburt des Lichtes für eine Menschheit, die noch immer durch geozentrische Werte gebunden ist. So ein Mensch wird wie ein immerzu scheinender Morgenstern des Geistes die subtile Essenz seiner erneuerten Persönlichkeit ausstrahlen... jenseits des Verlangens nach Sonnenuntergängen und der Verdunkelung des Schlafes, der Müdigkeit und des Schmerzes. Und er wird weitergehen, auch wenn er verachtet oder mißverstanden, belächelt oder verspottet wird, und er wird seinen Sinn und seine Wahrheit immer mehr verwirklichen und diesen Sinn und diese Wahrheit hoch tragen, damit alle Menschen es sehen und sich daran orientieren können, wenn sie wollen.

Vierte Phase: Das Marsstadium … Reenergetisierung

Leben bedeutet Energie verausgaben. Der Pilger auf dem Erleuchteten Weg muß ebensosehr Energie einsetzen wie ein Mensch, der sich nur mit der Erhaltung, Verschönerung und Reproduktion seines Körpers und seines Egos auf dem Hintergrund gesellschaftlicher Konkurrenz und physischer Bedürfnisse beschäftigt. Und dennoch ist am Anfang des Sternenweges eine gemeinsame Erfahrung, das Gefühl tiefer Müdigkeit von Körper und Seele, so, als ob der ganze Organismus der Persönlichkeit sich seiner gewohnten Energieressourcen beraubt sähe. Und so ist es auch. Das Land der Persönlichkeit erlebt eine große Trockenheit. Die Brunnen der Ahnen werden austrocknen. Das Wasser, das die vertrauten Ernten heranwachsen ließ und die Felder einer auf die Erde gerichteten Persönlichkeit grün und feucht werden ließ, verschwinden fast. Wird die Wüste alles Leben in einem Menschen absorbieren, dessen Blick jetzt auf den noch fernen Stern gerichtet ist... durch Nächte, die zwar klar, aber einsam sind?

Der Frau aus Samaria, die aus dem Brunnen ihres Stammes Wasser schöpfen wollte (und dieses Bild meint die irdischen Tiefen des Unbewußten und des biologischen Instinktes) versprach Jesus das Geschenk des ›lebendigen Wassers‹. Und mit uns allen fragte sie: »Woher kommt dieses lebendige Wasser, und wie kann man es schöpfen?« Wenn das biologische und psychische Leben unserer Persönlichkeit dürr geworden ist, wenn unsere Instinkte und Drüsen allem Anschein nach die Kraft verloren haben, unseren Körper-Seele-Organismus gegen den Druck und die zerstörerischen Einflüsse der inneren und äußeren Welt zu erhalten, welche Kraftquelle gibt es dann auf der Erde oder im Himmel, um unser Bedürfnis zu erfüllen?

Der alte Hinduweise oder spirituelle Lehrer beantwortete diese Fragen, indem er Yogadisziplinen entwickelte, biopsychische Methoden der Atmung und Konzentration, um tiefere und geheimere Quellen der Vitalität im menschlichen Organismus anzuzapfen. Die grundlegende christliche Lösung dieses Problems betont die Kraft des Glaubens. Sie basiert auf dem Mysterienspiel der Inkarnation Gottes im Menschen, deren wirkliche spirituelle Bedeutung sich nicht auf einen einzelnen Akt bezieht, der einmal und nur einmal von dem ›einen‹ Sohn Gottes vollzogen wurde, sondern auf den immer wieder erneuerbaren Prozeß der Konzentration des universellen ›Geistmeeres‹ in dem ›Tropfen‹, den unser individualisiertes Selbstsein darstellt.

Leben heißt nicht nur Energie verausgaben. Bedeutsamer ist, daß man Kraft nutzt, und Kraft ist Energie, die in einer bestimmten Form freigesetzt wird. Im Grunde ist alle Energie eins. Aber ebenso, wie die Formen (oder die ›Maschinen‹), durch die Energie freigesetzt wird, sich stark unterscheiden, so gibt es auf verschiedenen Seinsebenen auch verschiedene Arten von Kraft. Es gibt die Kraft, die *durch* (und nicht *aus*, wie die moderne Wissenschaft glaubt) die Atomstruktur freigesetzt werden kann. Es gibt auch Kraft, die durch menschliche Organismen freigesetzt werden kann: durch einen lebenden Körper oder die ›kollektiven‹ Organismen einer Gesellschaft oder Kultur. Es gibt auch eine Art von Kraft, die durch das integrierte und vollständig gestaltete Selbstsein der individuellen Person freigesetzt werden kann, in der sich ihre spirituelle Identität ›inkarniert‹ hat. Die Manifestation dieser letzteren Art der Kraft beginnt mit der Entfaltung dessen, was man gewöhnlich als ›Persönlichkeit‹ bezeichnet. Diese Kraft der Persönlichkeit läßt einige Individuen aus der Masse hervorstechen, und zwar aufgrund ihrer Fähigkeit, großartige Leistungen zu zeigen, sei es nun auf theatralischem, politischem oder religiösem Gebiet. Wir sagen, daß diese Individuen sehr viel persönlichen Magnetismus oder Charisma haben, um die Massen in ihren Bann zu schlagen. Es geht von ihnen irgend etwas Mysteriöses und Undefinierbares aus, was andere Menschen dazu zwingt, ihnen Aufmerksamkeit, Achtung und Loyalität entgegenzubringen.

In manchen Fällen zeigen diese zwingenden Persönlichkeiten starke physische Vitalität, andere aber lassen für die gewöhnliche Wahrnehmung nur einen schwächlichen Körper, vielleicht sogar Krankheit und Schmerz erkennen. Selbst da, wo große physische Energie in Reife entfaltet wird, hatte die individuelle Person oftmals eine kränkliche Kindheit, war aber fähig, irgend eine offenbar unerschöpfliche Menge von Triebkraft zu mobilisieren. Was ist die Quelle dieser Kraft? Kann jedes menschliche Wesen aus ihr schöpfen?

Im Grunde gibt es keine ›Quelle‹ für diese Kraft, ganz einfach deswegen, weil diese Energie überall ist. Sie verteilt sich über den ganzen Raum. Wir leben und erleben unser Sein in einem Ozean der Energie. Aber wenn wir diese diffuse Energie nicht konzentrieren und lenken können, existiert sie für uns nur latent, als unaktiviertes und unverwirklichtes Energiepotential. Um diese Energie verwendbar zu machen (das heißt als Kraft, die entsprechend einem bestimmten Zweck freigesetzt werden kann), müssen wir als erstes erkennen, daß sie rund um uns und in uns ist, um dann eine sinnvolle Beziehung mit ihr aufzunehmen und schließlich unsere ›Motoren‹ auf den Gebrauch dieser Kraft einzustellen, damit sie entsprechend dem Rhythmus und dem universellen Zweck wirken, der dem Charakter des Geistes innewohnt.

Erkennen heißt hier aber auch verwirklichen. Aber man kann nur das verwirklichen, was man zutiefst und voll und ganz herbeigesehnt hat. Um den Geist als Kraft zu verwirklichen, muß man sich nach spiritueller Kraft gesehnt haben, und dieses Verlangen ist wertlos, wenn es nicht aus einem absoluten und ergreifenden Bedürfnis geboren ist. Der Charakter und die Wirklichkeit des Geistes als Kraft kann nur in der dunkelsten und entscheidendsten Stunde, wenn jede andere Kraft fast vollständig fehlt, erlebt werden. Denn nur wenn der Organismus der Persönlichkeit (wenn auch nur einen Augenblick lang) durch ein Gefühl schrecklicher Leere ausgehöhlt wird, kann der Geist in das so geschaffene Vakuum hineinfließen.

Glücklich die Seele, deren Tore sich nicht unter dem Einbruch der universellen Energie in Bestürzung und Angst dicht verschließen. Glücklich derjenige, der sich für das belebende Hereinfließen offen halten kann, das die Substanz des individuellen Selbstseins in höchstem Maße erneuert... sofern es nur lange genug empfangen werden kann. Glücklich auch derjenige, der es nicht einfach als selbstverständlich hinnimmt und dessen Herz in verklärter Verbundenheit mit dem ›Vater‹

vor Dankbarkeit überfließt... denn von dort kommt der Heilige Geist und die Kraft, in Wahrheit das zu sein, was man im innersten Wesen ist, und alles, was lebt und atmet, zu verstehen und zu lieben. Und dreimal gesegnet ist der, der mit Mut und Überzeugung und im äußersten Vertrauen auf den Geist voranschreitet, um die Werke des Geistes als geheiligter Vermittler des Göttlichen zu vollziehen.

In diesem Stadium des erleuchteten Weges ist es am wichtigsten, sich der Wirklichkeit und Konkretheit des Geistes deutlich klar zu werden. Den Geist für irgend etwas Abstraktes und vollkommen Transzendentes zu halten, heißt, daß man seinen Eintritt in den konkreten Organismus der Persönlichkeit nicht zuläßt. Wenn man ihn sich als Ideal oder Traum vorstellt, so beraubt man ihn dadurch seiner verklärenden Kraft, seiner Wirklichkeit. Der Geist kann in vielen verschiedenen Arten und Weisen empfangen werden, aber er ist immer Kraft, eine Kraft allerdings, die unauslöslich mit Sinn verbunden ist, und dieser Sinn besteht darin, den größtmöglichen Zustand von ›Einschließlichkeit‹ und schöpferischer strahlender Harmonie zu erreichen.

Impotenz kann auf keiner Ebene jemals als ›spirituell‹ betrachtet werden, ebensowenig ist ein mangelndes Verlangen nach Macht oder Kraft in sich selbst jemals eine Manifestation des Geistes. Nicht das Verlangen nach Macht und Kraft sollte verurteilt werden, sondern das Motiv, das in einem Menschen dieses Verlangen erzeugt, wie auch der Zweck, um dessentwillen das Streben nach Macht und Kraft stattfindet. Das Desinteresse an Macht und Kraft ist ganz einfach ein Kennzeichen innerer Ermüdung und/oder der mangelnden Bereitschaft, ein Werk zu unternehmen und Verantwortung dafür zu tragen. Aber wir sollten nicht die Bereitschaft, Verantwortung zu tragen, mit der persönlichen Sorge um die Ergebnisse der Handlung verwechseln. Davor warnt die Bhagavat Gita den Schüler. Verantwortung bezieht sich auf den Gebrauch, den ein Individuum von der ihm anvertrauten Kraft macht, und dabei ist es gleichgültig, ob ihm diese Kraft von der Gesellschaft oder vom Geist übertragen wurde. Verantwortung impliziert keine persönliche Sorge über die Ergebnisse der jeweiligen Handlungen, vorausgesetzt, daß die Kraft wahrhaftig, bewußt, und in vollkommener Hingabe an das Göttliche im Inneren eingesetzt wurde.

Da der Geist die Grundlage jeglicher Energie allüberall ist, hat er auch stoffliche Existenz, es kann keine Energie ohne Substanz, keine Substanz ohne Energie geben, genausowenig, wie es ein Universum geben kann, in dem Zeit ohne Raum, und Raum ohne Zeit ist. Aber Energie und Substanz können zu zwei verschiedenen Polaritäten gehören und zwei zutiefst verschiedenen Zwecken dienen... so verschieden wie die Energie und Substanz des ›Samens‹ von der des ›Bodens‹ ist.

Was wir als Boden bezeichnen, ist immer der Rest eines früheren Zyklus von Lebensmanifestation. Sand besteht aus einer Vielzahl von Muscheln, die einstmals Leben in sich bewahrten. Der reiche Humus des Waldes ist das Ergebnis der Verwesung von Myriaden von Blättern, deren Leben beendet ist. Aber die Substanz des Samens ist eine in die Zukunft polarisierte Substanz, ganz gleichgültig, ob sie zum Kern oder zur Hülle des Samens gehört. In ihr wirkt die schöpferische Energie des Lebens und der Zweck der Wiedergeburt... Wiedergeburt als Reaktion auf den Ruf der universellen Kraft der Sonne, wenn der Frühling die Tore eines neuen Zyklus öffnet.

Auch in Menschen können wir auf der spirituellen Ebene einen symbolischen Samen und Erdboden unterscheiden. Das individuelle Selbstsein ist der spirituelle Samen des Menschen, die Substanz und Energien seines biopsychischen Organismus sind der Boden, in dem dieser Same ausgesät wird, der aber oft leider nur Bakterien und niedrigeres Leben enthält, das zwar dem Wachstum der Samen dient, sich selbst aber niemals himmelwärts wenden und den Stern erreichen kann.

Der Prozeß der Reenergetisierung des Erleuchteten Weges ist ein Prozeß, in dem die Samenkräfte des Geistes, die im individuellen Selbst des Menschen eingeschlossen sind, zu wirken beginnen, und dabei langsam die wiedererweckten Energien des ererbten Bodens der Persönlichkeit dazu zwingen, dem Zwecke des Selbst zu dienen. Zunächst scheint der Erleuchtete Weg eine Straße zu sein, die von der Vitalität der physischen Sonne weg und zu einem fernen kalten Stern hinführt. Und dennoch klingt der Wechselgesang von Sonne und Stern durch die weiten Räume des spirituellen Lebens, wenn einmal der Vorgang der transvolutionären Reise zum Stern in seinem Zweck gefestigt worden ist. Dann werden neue Energien frei. Die vitalen Kräfte des ›Bodens‹ nähren das Wachstum des ›Samens‹ im universellen Lösemittel des ›Wassers‹... und damit ist das Mitgefühl und die Liebe von universellen Wesen gemeint, die auf die niederregnet, welche den Erleuchteten Weg gehen.

Der positive Akt der Wiedergeburt und des Wachstums muß dennoch im Samen entstehen. Alles andere trägt zum Wachstum bei, aber der Same muß von selbst keimen. Der Mensch findet das Universum des Geistes auf seiner Seite, wenn er auf dem Erleuchteten Weg vorwärtsschreitet, aber das Vorwärtsschreiten muß er selbst leisten. Es muß ein entschlossener Schritt sein, und dabei muß sichergestellt werden, daß der ›Same‹ im Menschen bereits das Gefühl des ›Ich‹-Seins ist, also das Gefühl subjektiven Seins, subjektiver Identität. Irgendwie werden all die Erfahrungen und Reaktionen der Person (Körper, Gefühle, Verstand), die man als Paul Smith kennt, von ihm selbst durch einen von innen her gespürten dauerhaften Faktor bezeichnet: dieser Faktor ist ›ich‹ und darauf wird alles bezogen, was eine Person bewußt erfährt; es ist ein ›*Bezugsmittelpunkt*‹. Sollte man diesen Mittelpunkt nun als einen Punkt oder als ein Gebilde betrachten? Wenn man nun ohne weiteres Adjektive wie egozentrisch oder selbstsüchtig verwendet und außerdem auch C. G. Jungs Definition des Ego als das ›Zentrum meines Bewußtseinsfeldes‹ übernimmt, so läßt dies das Ego unausweichlich als einen Punkt oder Kern erscheinen... so ähnlich, wie ein autokratischer allmächtiger König das Zentrum des Staates ist. Es gibt ein ›Bewußtseinsfeld‹, und dieses Feld hat ein beherrschendes Zentrum. Das Element der Struktur will sich dann, falls es überhaupt betrachtet wird, auf das Bewußtseinsfeld beziehen (das heißt, die typische Weise, in der eine Person denkt, fühlt, auf Empfindungen und die Herausforderungen des alltäglichen Lebens reagiert). Diese psychische Struktur würde sich aus der Aktivität und dem Willen des Ego ergeben, so ähnlich, wie das ›Gesetz im Königreich‹ die Entscheidung und den Willen des autokratischen Königs ausdrückt, der in ›seinem‹ Königreich die höchste Autorität ist.

Und dennoch beinhalten die oben genannten Begriffe viel, was uns heute als veraltete und naive Psychologie erscheint. Wenn der König das Königreich beherrscht und seine mannigfachen Aktivitäten durch allerlei Entscheidungen strukturiert, wodurch wird dann der König beherrscht? Warum will er lieber das eine, das andere jedoch weniger? Was bestimmt seine Wahl, seine Entscheidung?

Die Antwort lautet, daß der König die neuen Gesetze macht, die alten Gesetze aber machen den König. Die Traditionen, die überlieferten Gebräuche, die grundlegenden kulturell-religiösen Muster und ›elementaren Bilder‹ der Nation, der er entstammte, und die ihn als Kind durch eine besondere Erziehung auf sein königliches Amt vorbereitete... all diese Faktoren strukturieren das Bewußtsein des Königs und bestimmen deshalb im wesentlichen, wenn auch nicht ausschließlich seine Entscheidungen. In den meisten Fällen ist ein König viel mehr das Produkt seiner nationalen Tradition und Lebensweise als deren Gesetzgeber, der eine neue Tradition oder eine neue Struktur des gesellschaftlichen Verhaltens entstehen läßt. Wenn ein König wie der ägyptische Pharao Echnaton versucht, die gesellschaftlich-religiöse Struktur seines Königreichs vollständig zu verändern, so ist die Wahrscheinlichkeit groß, daß dieser Versuch scheitert oder nur kurze Zeit andauert... die alten Muster gewinnen wieder neue Geltung und beweisen, daß sie grundlegender und mächtiger sind als der König.

Ein weiterer Zugang wird zu ähnlichen Folgerungen führen. Erkennt sich das neugeborene Kind als ›ich‹ oder als ›Paul‹? Die Erfahrung lehrt uns in den meisten Fällen, daß das Kind zunächst in der dritten Person von sich spricht: »Paul hat das getan, Paul will das«, bevor es ganz deutlich äußert: »ich will« oder mehr noch »ich *bin*«. Tatsächlich ist das deutlich bewußte Gefühl des »ich bin« in vollständiger Unabhängigkeit der bestimmenden oder bedingenden Qualifikation ›Paul‹ das Ziel eines sehr langen und schwierigen Prozesses geistiger Entwicklung... und nicht ihr Anfang.

Wenn man richtigerweise sagen kann, daß der Name zuerst in das Bewußtseinsfeld des Kindes eintritt, und erst später die Erkenntnis des ›Ich‹, so folgt daraus, daß der Hauptfaktor bei der Entfaltung des individuellen Bewußtseins ein ›Gebilde‹ (eine Struktur) ist. Die Erkenntnis, daß diese Struktur ein Zentrum hat (das ›Ich‹), ist eine spätere Erfahrung. Darüber hinaus kann dieses sogenannte Zentrum nicht als geometrisches Zentrum bezeichnet werden, sondern vielmehr als ein Zentrum der Schwerkraft, das heißt ein Punkt, der die charakteristische Balance von Kräften und Tendenzen im Bewußtseinsfeld als Ganzem anzeigt. Und diese Balance wird als *Wille* ausgedrückt. ›Hinter dem Willen steht das Verlangen‹ ist eine alte okkulte Maxime. Die Richtung des Willens wird durch die Balance oftmals widersprüchlicher Wünsche bestimmt, und das Prinzip einer Balance von Kräften ist das grundlegende Prinzip, wo immer es um Willen und Willensentscheidungen geht.

Jeder Mensch will das tun, was er am meisten wünscht, falls wir das Wort Wunsch und Verlangen nicht auf die sogenannten tieferen oder oberflächlichsten Elemente der Persönlichkeit beschränken. Der religiöse Asket hungert, weil sein Verlangen, das zu erreichen, was ihm als sein größtes Ziel erscheint, stärker ist, als der Druck seiner biologischen Instinkte. Er herrscht mit aller Strenge über die Bedürfnisse seines Körpers, aber hinter diesem Willen steht sein Verlangen nach religiöser Leistung oder Erlösung. Hinter diesem Verlangen stehen die Bilder oder Begriffe spiritueller Befreiung und Sünde, es sind mächtige Bilder, auch wenn sie nicht bewußt wahrgenommen werden, und sie entstanden durch die religiösen und moralischen Lehren, mit denen sein Bewußtsein während der Kindheit und Jugend getränkt wurde.

Diese Lehren und Ideale, das Beispiel der Eltern und Nachbarn – oder seine Rebellion gegen sie und seine ›Komplexe‹, die durch Frustration und Schmerz erzeugt wurden – haben zusammen mit noch tieferen ererbten organischen Faktoren sein Bewußtsein strukturiert. Das strukturierende Element war also gerade nicht sein Ego. Dieses Ego ist vielmehr eine *Verfestigung des Bewußtseins*, die aus der Erkenntnis dauerhafter individueller Charakterzüge, Fähigkeiten und Reaktionsweisen auf das Leben resultiert. Es ist ein Konzentrat all jener typischen individuellen Züge, die die Person von allen anderen Personen unterscheiden.

Als ganz bestimmte Seinsform ist das Ego ein saturnischer Faktor, denn Saturn ist der Herr aller bestimmten Formen und Strukturen, die durch ihre Unterschiede von allen anderen Formen definiert sind, er ist dadurch ein Prinzip des Ausschlusses. ›Paul Smith‹ bedeutet die Summe aller Unterschiede einer Person von allen anderen menschlichen Wesen. Und diese Summe von Unterschieden wird nicht nur im gesellschaftlichen Rahmen, sondern auch in Paul Smiths Bewußtsein durch seinen ›Namen‹ dargestellt. In modernen Gesellschaften wird sie normalerweise auf zwei Ebenen durch zwei Namen festgesetzt: einen Familien- und einen

Eigennamen. Der erstere verweist auf kollektive Unterschiede (der Rasse, der Familie usw.), der letztere auf persönliche Unterschiede (Individualität).

Wenn ein Mensch nun zu sich oder anderen sagt: »Ich bin Paul Smith«, will er im Grunde nicht sagen, daß er ›ich‹ ist, sondern vielmehr, daß er ›Paul Smith‹ ist. Paul Smith ist das Ego mit all seinen individuellen und gruppenstrukturierten Unterschieden. Der Name ist das Symbol des Ego. Jung wußte das genau, als er schrieb: »Unter Ego verstehe ich einen Komplex von Erscheinungen, der... einen sehr hohen Grad von Kontinuität und Identität zu besitzen scheint.« Er sprach vom ›Ego-Komplex‹, und jeder Komplex ist eine psychische Struktur (in unserem Sinne des Ausdrucks Struktur). Aber der Ego-Komplex ist nicht, wie Jung hinzufügte ›das Zentrum meines Bewußtseinsfeldes‹, sondern vielmehr der *strukturierende Faktor* im Bewußtsein. Da es im Bewußtseinsfeld einer normalen reifen Person Struktur und Ordnung gibt, entsteht das Gefühl einer dauerhaften strukturellen Identität. Dieses Gefühl dauerhafter struktureller Identität kennt der heutige Durchschnittsmensch als das Gefühl des ›ich‹. Wenn man von diesem ›Ich‹-Gefühl als ›Zentrum‹ spricht, so verwirrt dies tendentiell die Situation. Denn es ist sowohl Zentrum wie auch Umfang, und es ist zudem noch die Beziehung vom Umfang zum Radius, der strukturelle Faktor Pi, der die Form des Kreises definiert. Und noch wichtiger, wenn es um praktische psychologische Probleme geht, ist die Tatsache, daß das Ego ein *Zustand konzentrierter Aufmerksamkeit auf strukturelle Probleme* ist. Tatsächlich stellt das Ego einen Zustand dar, in dem unablässig danach getrachtet wird, das Bewußtseinsfeld gegen den Druck innerer wie auch äußerer Handlungselemente zu schützen, die seine Struktur verändern wollen... genau wie der Staat immerzu versucht, seine Gesetze und Verordnungen durchzusetzen und seine Grenzen zu schützen.

Das Ego ist im Bereich der Persönlichkeit tatsächlich die Entsprechung des Staates. Der Staat kann durch einen König oder durch irgendeine andere Art eines offiziellen Autoritätssymboles kontrolliert werden (wie etwa die Konstitution der Vereinigten Staaten). Das Ego kann ein Gefühl eines herrschenden Ich entwickeln oder darin scheitern. In allen Fällen aber bleibt der wesentliche Faktor der Staat als Ganzes, und als struktureller Faktor ist dieser Staat überall am Werke. Eine egozentrische und sehr eigenwillige Person gleicht einem modernen Polizeistaat. Der strukturelle Faktor hat die Tendenz, jeden Teil des Bewußtseinsfeldes zu beherrschen und zu ersticken, indem er jede Funktion regelt und jeden unwillkommenen Gedanken oder Gefühlsfetzen in die äußere Dunkelheit des Unbewußten verbannt, sei es nun das Exil oder ein Konzentrationslager. Der Polizeistaat hat im allgemeinen einen offiziellen Diktator, aber der Diktator ist viel eher Symbol und Symptom als Ursache, außer in besonderen Fällen, die wir im Folgenden untersuchen werden. Jedenfalls wird er (auch wenn es am Anfang nicht so war) ein Sklave der starren Struktur, die er entwickelte und wirklich entwickeln mußte.

Der Durchschnittsmensch kann nicht mit einem totalitären Polizeistaat verglichen werden. Er ist normalerweise ein lose integriertes Ganzes, in dem es keine *wirkliche* starke zentrale Macht gibt. In ihm kämpfen psychische Bedürfnisse oder Triebe (vergleichbar mit ›besonderen Interessengruppen‹, Monopolen, Kartellen, Kirchenorganisationen, Gewerkschaften usw.) um die Position der zentralen Autorität. Das Ego des Durchschnittsmenschen ist eine in sich unterschiedene Struktur, in der sich die Balance der Kräfte ständig (oder zumindest in gewissen Abständen) verändert, und wo das ›Zentrum‹ nur ein Symbol ist, mit dem sich eine mächtige Gruppe nach der anderen identifiziert und durch eine solche Identifikation die amtliche Autorität eines ›Zentrums‹ annimmt. Dies äußert sich dann in der Feststellung: ›ich‹. Der Durchschnittsmensch kann nicht wahrheitsgemäß (außer in seltenen Augenblicken hoher Erkenntnis) ›ich bin‹ ohne irgendwelche weiteren Qualifikationen sagen. Denn mit Überzeugung und Kraft einfach zu sagen ›ich bin‹ würde bedeuten, daß das Bewußtsein seinen Brennpunkt in einem ›Ich‹ gefunden hat, das mit bestimmten Charakterzügen, Haltungen und Komplexen – Produkten wechselnder Reaktionen auf Erbanlagen und Umgebung – nicht identifiziert ist.

Aber wenn das Ego ein Reaktionsmuster auf Erbanlagen und Umgebung ist, so könnte man einwenden, muß es denn nicht eine Entität geben, von der diese Reaktionen ausgehen? Es gibt sie, und auf diese Entität bezieht sich der Okkultist und Theosoph, wenn er von dem ›Höheren Selbst‹ spricht. Allerdings gelingt es dem Esoteriker oftmals nicht, ein klares Bild davon zu vermitteln, was das niedrigere oder persönliche Ego im Sinne der historischen Entwicklung der Persönlichkeit und der normalen bewußten Erfahrungen des modernen Menschen ist, und schwelgt in der Folge nur zu oft in psychologischem Eskapismus. Er versucht, von ›Paul Smith‹ in eine vage, aber erhabene Gefühlsintuition von ›ich‹ zu entfliehen. Indem er immer wieder ›ich bin‹ sagt, versucht er sich in einer spirituellen Wirklichkeit sicher zu etablieren, obwohl er sie noch nicht in seinem Bewußtsein *verkörpern* kann, und deshalb bleibt dieses Bewußtsein und dieses ›ich‹ vage und transzendent, vielleicht eine ›Lichtwolke‹, aber kein ›Lichtkörper‹ oder ›Christus-Körper‹.

Noch nicht, jedenfalls in den meisten Fällen. Das ›Ich‹, das in dem Satz ›ich bin Paul‹ wirklich gemeint ist, ist mehr ein Symbol als eine erfahrene Wirklichkeit. Für den Psychologen ist es das dunkel geahnte Ziel eines Prozesses persönlicher Integration und vielleicht letztendlicher Transfiguration. Für den Esoteriker dagegen ist es das widergespiegelte Bild einer transzendenten Wirklichkeit. Diese Wirklichkeit ist als ›Höheres Selbst‹, Sonnenenge oder Augoeides bezeichnet worden. Es hat tatsächlich eine Vielzahl von Namen erhalten, um den Glauben (der für manche Menschen angeblich eine tatsächlich erfahrene Wirklichkeit ist) zu konkretisieren, daß jedem Paul Smith ein spirituelles ›Er‹, ein gottähnliches Wesen entspricht. Was hier als der ›Stern‹ bezeichnet wird (einer unter Millionen innerhalb der Milchstraße), symbolisiert ein solches Lichtwesen.

Aber was im allgemeinen nicht deutlich genug dargestellt wird, ist die Tatsache, daß im Bewußtsein des heutigen Durchschnittsmenschen diese spirituelle Entität nur eine *Möglichkeit* des Seins ist. Es wurde als ›göttlicher Funke‹ oder Monade bezeichnet. Aber vielleicht ist es klüger, es als göttlichen Samen zu betrachten, aus dem eine ganze Pflanze von spiritueller Substanz und Kraft hervorwachsen kann, *wenn* sie in der richtigen Jahreszeit und unter den richtigen klimatischen Bedingungen in fruchtbaren Boden ausgesät wird. Der fruchtbare Boden sind die Erbanlagen und die Umgebung der wirklichen Person Paul Smith. Die richtige Jahreszeit, das richtige Klima beziehen sich auf die gesellschaftlichen und kosmischen Bedingungen, unter denen Paul Smith auf dieser Erde lebt. Aber wie Jesus uns in dem Gleichnis des Evangeliums sagt, erreichen viele Samen nicht das Stadium reifer Pflanzen.

Das ›Ich‹ in dem Satz »ich bin Paul Smith« ist nicht dieser göttliche Same. In den meisten Fällen ist es bestenfalls die Vorahnung einer nur dunkel gefühlten inneren Stabilität und Dauerhaftigkeit. Es ist eine unsichere Intuition dessen, was im Kern von Paul Smiths höchsten und tatsächlichen Lebenserfahrungen göttlich sein könnte. Das wichtigste Ziel aller wirklichen spirituellen Lehren besteht darin, diese dunkle Gefühlsintuition zu stärken, indem man ihr die Würde des Begriffs, des intellektuellen Zusammenhangs mit der Vorstellung von der Existenz Gottes verleiht. »Gott ist, ich bin« . . . das sind die Zwillingsäußerungen. Wenn es keinen universellen ›Gott‹ gibt, dann möchte das spirituelle ›Ich‹ wenigstens im absoluten und im Grunde bedeutungslosen Gegensatz zu einem fremden und unbedeutenden Universum existieren. Und wenn es kein ›Ich‹ als potentiell vollständige Ausdrucksform des Göttlichen gibt, dann ist das menschliche Leben eine unerträgliche Tragödie, die nirgendwo hinführt.

Im Sinne der astrologischen Symbolik ist der Stern, der für den Menschen auf dem Erleuchteten Weg noch immer ein transzendenter Faktor ist, ein Brennpunkt oder eine Linse, durch die das universelle Wesen Gottes als Kraft und Licht strahlt. Wenn das Bewußtsein dieses Menschen zu einem klaren Spiegel werden kann, auf dem sich das Licht des Sternes als Geiststrahl konzentrieren kann, so erscheint die universelle Form

Gottes auf diesem Spiegel. Aber der Spiegel muß sauber und dem Stern zugewandt sein! Wenn diese Bedingungen erfüllt sindund die Schritte auf dem Erleuchteten Weg erfolgreich unternommen wurden, dann wird das formlose Gefühl des ›Ich‹ in Paul Smiths Bewußtsein zu einer klareren Wahrnehmung eines geformten ›Er‹. Das Bild Gottes wird gewissermaßen durch den Strahl des Sterns ins Bewußtsein getragen.

Es ist mehr als ein großes Bild, eine große Widerspiegelung. Es ist ein göttlicher Same, in dem die Kraft des Wachstums und der Erfüllung vibriert und substantiell vorhanden ist. Es ist eine Verkörperung des Geistes in Gottes Ebenbild. Jesus ist das Symbol und der tatsächliche Prototyp einer solchen vollen Verkörperung, das ›Ebenbild Gottes‹ ist Christus. Christus hat sich in Jesus verkörpert, und das ist mit dem Status des Gottessohns gemeint, es ist eine Möglichkeit, die allen Individuen innewohnt. Den Erleuchteten Weg zu beschreiten heißt, die nötigen Handlungen zu unternehmen, um aus der Möglichkeit eine Wirklichkeit in und durch das eigene umfassende Sein zu machen. Da Jesus zumindest im Zyklus unserer gegenwärtigen Menschheit der erste Mensch war, der in voller Wirklichkeit eine Verkörperung des Christus war, ist er der Sohn Gottes.

Für den universellen, alles durchdringenden Geist ist alles, was einmal geschieht, ein für allemal in einer ›zeitlosen‹ Welt geschehen. Aber für jeden Menschen, der bewußt in einer Welt der Dauer und der Zyklen existiert, ist das Ereignis der Gottesgeburt (der Verkörperung des Geistes im Ebenbild Gottes) eine Möglichkeit im Prozeß der Verwirklichung. Dieser Prozeß ist der ›Weg‹. Es ist ›der Weg und das Leben‹, den Jesus Christus zeigt, der zu der umfassenden und deutlich bewußten Erkenntnis der ›Wahrheit‹ führt... jener Wahrheit der Gottessohnschaft, die in jedem Menschen schlummert.

Jesus antwortete der Frau von Samaria, die aus dem ererbten Springquell menschlicher Energie und Weisheit schöpfen wollte: »Ich bin Er.« In jedem Paul Smith gibt es ebenfalls die Möglichkeit, so fern und unglaublich sie auch scheinen mag, daß auch er irgendwann zu sich selbst und vielleicht auch zur ganzen Welt sagen kann »Ich bin Er« und dabei das unwiderrufliche Wissen in sich tragen kann, daß der Stern in seinem ›Herzen‹ ist... das Königreich des Himmels, der göttliche Same, das Christkind, das noch geboren werden muß.

Der Erleuchtete Weg nimmt eine neue Gestalt an, wenn dieser Prozeß der Verkörperung beginnt. Vorher war der Stern ein Zentrum der Strahlung, auf das man sich hinorientieren sollte, das man mehr als alles andere schätzen sollte, aus dem man Kraft ziehen konnte, und mit dem man in Verbindung treten konnte, um all das zu erkennen, was man zum Werk der Welt beizutragen hatte. Aber nun, da dieses Saturnstadium der Reise zum Stern erreicht ist, steht der Mensch vor einer vollkommen neuen Situation. Der Stern wird im Inneren wahrgenommen. Der Mensch hat ein Kind vom Stern empfangen. Die Zukunft verkörpert sich im vitalen Kern der Gegenwart. Das Jetzt wird durch die Ewigkeit befruchtet, und das bedeutet durch das Bewußtsein der Äonen. ›Ich‹ wird zum ›Er‹.

Und was wird aus Paul Smith? Er wird zur Mutter des lebendigen Gottes, der sich in seinem Bewußtsein bewegt. Ein Geheimnis wird in ihm gefeiert, ein merkwürdiges und oftmals verblüffendes Ritual der

Schwangerschaft. Paul Smith zögert nun zu sagen »Ich bin Paul Smith«. Kann er überhaupt wahrheitsgemäß sagen ›ich bin‹?

Während der ersten Stadien des Erleuchteten Weges hatte er versucht, aus der Erkenntnis ›ich bin‹ innere Kraft und Sicherheit zu ziehen. Er hatte darum gekämpft, dieses ›Ich‹ als dauerhafte Wirklichkeit des Geistes im Gegensatz zu den illusionären Komplexitäten und Konflikten zu bekräftigen, die die Summe von Paul Smith ausmachten, im Gegensatz also zu dem beständigen Fluktuieren von Stimmungen, Wünschen und Hoffnungen, seiner menschlichen, allzu menschlichen Existenz zwischen irdisch eingestellten, verwirrten und gierigen Männern und Frauen. Und dennoch wußte er in seinen ehrlichen Augenblicken klarer Wahrnehmung, daß dieses ›Ich‹, das er zu sein behauptete, in seiner Erfahrung weder substantiell noch wirklich war. Es war bestenfalls eine Vorahnung oder eine Schwelle der Erfahrung. Es war etwas, worauf er hoffte, eine noch nicht enthüllte Gegenwart, ein Licht, eine Kraft vielleicht, aber *noch nicht eine Tatsache*, die die unwiderrufliche Kraft aller wirklichen Tatsachen hatte: die Kraft, in der Fülle eines bewußten Lebens und Seins erfahren zu werden.

Um voll und ganz erfahren werden zu können, mußte das ›Ich‹ voll und ganz von den einzelnen Qualitäten des ›Paul Smith‹ getrennt werden. Und das ist ein negativer Prozeß: ein ›nicht das, nicht jenes...‹, eine Leugnung der Bedingtheit durch die Erde, durch Impulse, die aus Vererbung, Umgebung oder organismischen Bedürfnissen stammten, wenn nicht sogar genau aus der Kraft, die das strukturelle Ego ausübt, indem es sich ohne Unterlaß mit der Erhaltung dieser Persönlichkeitsstruktur unter allen möglichen Umständen mit aller Aufmerksamkeit konzentriert. Das Individuum Paul Smith mußte namenlos werden, bevor er wirklich das ›Ich bin‹ empfinden konnte. Und selbst dann war es nur ein Gefühl, eine Ahnung von Jenseits, ein Einbruch des Lichts vielleicht, so als ob man in ein Meer formlosen Glanzes und zeitloser Ekstase geworfen wird... die Erfahrung des Mystikers: kosmisches Bewußtsein, Glanz und Licht. Und dennoch konnte es nicht als Wirklichkeit bezeichnet werden, da kein wirklicher Organismus für die Handlung, kein neuer Körper, keine neue Persönlichkeit konkret gebildet worden war.

Solange, bis das neue Stadium begann, bis Saturn von dem Erleuchteten Weg sprach, bis der Stern sich im Bewußtsein als ›Er‹ bekanntmachte! In diesem Stadium ruft der Mystiker aus: Gott lebt mich. In diesem Stadium vernimmt er mit Erstaunen: *Er ist ich*. Das Subjekt, Ich, ist zum Ausdruck eines umfassenderen Bewußtseins, eines kosmischeren Organismus geworden. ›Ich‹ ist zu einer Äußerungsform von ›Er‹ geworden. In diesem Augenblick wird ›Ich‹ als organische, lebendige Wirklichkeit geboren und hört auf, eine bloße Gefühlsintuition von irgendeiner transzendenten Kraft zu bleiben, die keine Form hat.

Er ist Ich... und das bin Ich. Die Ich-Bin-Heit des Individuums, welches sich selbst und anderen als Paul Smith bekannt war, ist nun in der Erkenntnis ›Er ist Ich‹ neu geschaffen und im Samen neu verkörpert. An einem noch immer sehr fernen Tag wird die transfigurierte Persönlichkeit mit Jesus sagen können: ›Ich bin Er‹.

Fünfte Phase:
Das Jupiterstadium ...
Neubekehrung

Beim Durchschnittsmenschen, der nur oberflächlich und undeutlich ›Individuum‹ ist, und dessen Verhalten, Gefühle und Gedanken größtenteils durch die unbewußten Zwänge von Gattungsinstinkten, kollektiven Traditionen und Massenemotionen beherrscht werden, ist die Persönlichkeit ein Endprodukt. Sie ist die Blüte einer Gesellschaft und Kultur, einer bestimmten Ahnenreihe und einer ganz besonderen Umgebung, und insofern hängt ihre Energie und mehr noch ihre Motive und Ziele von den Wurzelfaktoren im Leben des menschlichen Kollektivs ab, das es in differenzierter Weise ausdrückt. Die Persönlichkeit des Menschen, der ein integraler Teil seiner Gesellschaft oder seiner kulturellen Gruppe oder Klasse ist, und der (bewußt oder unbewußt) seine Verwurzelung in seinem eigenen Kollektiv empfindet, ist dem Kunstwerk eines schöpferischen Genies recht ähnlich, und der Schöpfer ist hier das Kollektiv.

Zwar scheint auch in einem solchen Menschen und im Kern seiner Persönlichkeit das flackernde Licht des Sterns, der seine spirituelle Identität ist, aber sein spiritueller Faktor ist viel mehr latent als dynamisch wirksam. Das Ego des Menschen (dieses vielgeliebte Ego, das nur eine Pseudoindividualität und ein zeitweiliges Gerüst ist) ist *nicht* dieser Stern. Er ist vielmehr ein lichtundurchlässiges Gebilde, das gewöhnlich einen schweren Schatten wirft. In so gut wie allen Fällen wird es nach dem Tod vergehen, und oftmals kristallisiert es sich noch vor dem Tode in hoffnungsloser Weise. Bestenfalls ist das Ego eines Menschen dem Mittelpunkt einer wunderschönen duftenden Blume der Persönlichkeit ähnlich, aber alle Blumen sind unmittelbare Ausdrucksformen der Wurzeln einer Pflanze.

Wer den Erleuchteten Weg beschreitet, muß zuerst eine fast vollkommene Trennung seiner scharf differenzierten Persönlichkeit von allen rassischen und kulturellen Wurzeln erleben. Das bedeutet nicht, daß ein solcher Mensch sich tatsächlich von dem Rest der Menschheit isoliert, denn das sternenerleuchtete individuelle Leben auf Erden nimmt immer tief an den Kämpfen der jeweiligen Gesellschaft teil. Aber diese Teilnahme unterscheidet sich in ihrem Wesen, in ihrer Polarisation und treibenden Energie von dem eines Menschen, dessen Persönlichkeit sich entsprechend den Bildern, Idolen und kollektiven Haltungen seiner Gesellschaft entwickelt. Das Recht und die Kraft, am Werk der Zivilisation als geistgelenkte und sternenerleuchtete Person teilzunehmen, kommt nur zu einem Menschen, der sein Bewußtsein von kollektiven Mustern und Trieben befreit hat und auf diese Weise zumindest zeitweilig zu einem ›isolierten‹ Individuum geworden ist. Neuorientierung, Repolarisierung, neue Bewertung beinhalten dieses Stadium der ›Isolation‹. Aber Isolation bedeutet für uns moderne Menschen nicht, daß man nach der Art eines Yogi in den Wald geht und ›fern von allem‹ zu meditieren beginnt. Sie bezieht sich vielmehr auf einen Bewußtseinswandel, der inmitten von dichtgedrängten Menschenmengen stattfinden kann... wenn auch Einsamkeit diesen Prozeß zumindest zeitweilig sehr erleichtern kann.

Wenn dieser Vorgang zumindest versuchsweise vollendet ist, hat sich die Persönlichkeit des Menschen, der sich dieser Verwandlung unterzogen hat, grundlegend von der des Durchschnittsmenschen entfernt. Er ist nicht mehr ›Blüte‹, sondern vielmehr ›Samen‹. Der Same ist noch immer ein Endprodukt der Pflanze, solange er sich auf ihr entwickelt, und der geistgelenkte und sternenerleuchtete individuelle Mensch ist noch immer ein Teil seiner Gesellschaft, solange er in ihr lebt. Und dennoch zeigt die ganze Polarisierung des Samens in die Zukunft. Indem er in der Blüte heranwächst, verursacht er das Sterben nicht nur dieser Blüte, sondern der ganzen ephemeren Pflanze. In gleicher Weise zeigt das Auftreten eines bestimmten Typus von hochindividualisierten und spirituell erleuchteten Individuen in einer Gesellschaft, daß diese Gesellschaft ihren Gipfel als kultureller Organismus auf Erden erreicht hat.

Die neue Persönlichkeit, die sich aus der Krise der Metamorphose erhebt, wird nun nicht mehr ausschließlich oder hauptsächlich durch die Gattungsenergien der menschlichen Spezies oder durch den kulturellen Nährboden angetrieben, an dem jeder normaler Mensch durch seine Tradition und Gemeinschaft teilhat. Vielmehr wird sie durch den universellen Ozean des Geistes, durch das Zusammenspiel von Sonne und Stern energetisiert. Das Werk oder die Funktion der neuen Persönlichkeit besteht nicht darin, die Gesellschaft und Kultur, die die Bedingungen für die Entwicklung der alten Persönlichkeit setzte, zur Blüte zu bringen oder ihre Dauer zu gewährleisten, sondern vielmehr darin, die ideologischen Grundlagen für eine neue Gesellschaft und Kultur zu legen, die zur richtigen Zeit erscheinen wird. Die alte Persönlichkeit (entsprechend der biblischen Symbolik aus ›Adam‹ geboren) sollte die Energien der Erde und die Werte der Kultur ernten und genießbar machen. Das Ziel der neuen Persönlichkeit, die *durch* Christus geboren ist, besteht darin, die transformierende und schöpferische Kraft des Geistes freizusetzen, sie freizusetzen, wie eine Maschine Kraft freisetzt. Dementsprechend könnte man die alte Persönlichkeit mit einem kulturell angepaßten Kunstwerk (im normalen Verständnis dieses Wortes) vergleichen, die neue Persönlichkeit aber als einen Motor. Diese Wandlung von einem ästhetischen zu einem technischen Produkt bezeichnen wir hier mit dem Ausdruck ›Rekonversion‹, der Symbolik des Jupiter. Es ist Rekonversion (Rückumwandlung) und nicht Konversion (Umwandlung), da die Persönlichkeit im frühesten Stadium der menschlichen gesellschaftlichen Evolution ebenfalls als Motor oder Maschine definiert werden kann. Aber die Persönlichkeit war ein *kollektiver* Faktor, der Stamm als Ganzes hatte seine eigene Persönlichkeit und nicht so sehr seine einzelnen menschlichen Mitglieder. Der Stamm war die Einheit menschlichen Bewußtseins, menschlicher Aktivität, er stellte eine komplexe Maschine dar, dessen instinktives und zwanghaftes Ziel darin bestand, einer bestimmten menschlichen Gruppe in einer bestimmten Umgebung Raum und Dauer zu verschaffen. Das ›Leben‹ war der Ingenieur, der von innen her das Leben aller Stammesmitglieder gestaltete, indem er sie durch die Kraft tiefer und unbewußter biopsychischer Wurzeln mit Energie speiste.

Aber auf dem Erleuchteten Weg bildet der Stern die Maschine der verwandelten Persönlichkeit. Die vom Geist energetisierte Persönlichkeit ist eine Maschine aus Lichtstrahlen. Persönlichkeit ist nicht mehr das halbbewußte Ergebnis einer kollektiven Kultur oder rassischen Tradition, sondern vielmehr die individualisierte und bewußte Instanz, durch die der Geist eine neue Zivilisation erschafft, indem er große Ideen und archetypische Symbole (›Formen der Kraft‹) freisetzt, die die zukünftigen Generationen inspirieren, bewegen und lenken werden.

Auf der irdischen Ebene stellt Jupiter alles dar, was eine Gesellschaft tendentiell zum Stadium kultureller Blüte und Fruchtbildung bringt: den Kaufmann oder Begüterten ebenso wie den Priester oder den charismatischen Führer von Gruppenprojekten und kollektiver Begeisterung. Aber auf der Ebene des Erleuchteten Weges symbolisiert Jupiter jene Kraft, die das vom Geist energetisierte Individuum zu der Erkenntnis führt, daß es sein Ziel, den Stern nur erreichen kann, wenn es im Glauben und einem immer leuchtenderen Bewußtsein mit den anderen Instanzen des Geistes zusammenarbeitet, die von einem ähnlichen Zweck beseelt sind.

Eine Religion und ein bestimmter Typus der Ökonomie bilden die zweifache Grundlage, auf der sich eine Kultur entwickelt. Beide stellen die kollektive Reaktion einer Gruppe von Menschen auf die grundlegenden Herausforderungen ihrer irdischen Umgebung dar, und diese Reaktion offenbart die Wirkungsweise der Jupiterfunktion in dieser Gemeinschaft und in allen Männern und Frauen, die an einer grundsätzlich kollektiven Aktivität teilnehmen. Aber wenn der Mensch zu einem relativ isolierten und entwurzelten Individuum wird, das nur daran denkt, sein Ego und seinen differenzierten Blickwinkel (seine ›Einzigartigkeit‹) auszudrücken, so kehrt er den Jupiterimpulsen in seiner Persönlichkeit den Rücken... und zwar um so mehr, je isolierter und einzigartiger er sich fühlt.

Dann ›konvertieren‹ sich die Gattungsenergien der menschlichen Natur und die kulturellen Kräfte seiner Gesellschaft in sein egozentrisches Ziel. Sie speisen seinen Selbstausdruck, oder er revoltiert gegen sie und gewinnt durch ihre Zurückweisung einen Gefühlsstimulus. Der Bilderstürmer oder Sozialrevolutionär verwendet die Jupiterfunktion auf negative Weise. In ihm werden die Jupiterfaktoren ›alkoholisch‹, das heißt, sein soziales Gefühl und sein religiöser Glaube fermentieren und zersetzen sich. Die Energie, die sein normales Leben als Mensch des Kollektivs erhalten hat, wird nun für Kriegsproduktion eingesetzt, den Krieg, den er als Ego gegen eine Gesellschaft, eine Religion und eine Kultur führt, die zu seinen Feinden geworden sind. Wenn dieser Krieg aufhört, das Bewußtsein des Menschen zu besetzen, der die Krisis der Egoverwandlung (›Katharsis‹) durchlaufen hat, so muß ein Prozeß der *Rekonversion* (Rückumwandlung) vollzogen werden.

Diese Rekonversion kann niemals eine Rückkehr zu dem Vorkriegszustand sein, wenn die Krise mit Erfolg durchlebt wurde. Ein Mensch, der den Erleuchteten Weg beschreitet, kann seine alte Loyalität gegenüber gesellschaftlichen, religiösen und kulturellen Glaubensvorstellungen ebensowenig wieder zum Leben erwecken, wie ein Same zum Stamm oder zur Wurzel zurückkehren kann. Die einzige Möglichkeit für den Samen besteht darin, zu einer neuen Pflanze mit Wurzel und Stamm aufzukeimen... wenn der Frühling kommt! Für den Samen bedeutet das, daß er zu einer Instanz für das Leben der Gattung als Ganzes wird. Die Zugehörigkeit der Eichel kann sich nur auf die Spezies der Eiche als

Ganzes beziehen, nicht aber auf das Einzelleben eines einzelnen Eichenbaumes, auf dem sie gewachsen ist, so wunderbar dieser bestimmte Baum auch sein mag.

Auf der Ebene des menschlichen Geistes ist jeder Mensch, der sich von der unbewußten und zwanghaften Fesselung an seine Rasse und Gesellschaft befreit hat, wie ein Same. Aber dieser Same ist in seiner unsterblichen Identität vollkommen bewußt, individualisiert und einzigartig. Und dennoch nehmen all diese ›einzigartigen‹ Individuen an einer spirituellen Gemeinschaft teil, ob ihnen das nun deutlich bewußt ist oder nicht. In gleicher Weise sind Sterne strahlende Einheiten innerhalb der Milchstraße oder in der astrologischen Symbolik innerhalb einer Konstellation... und (im Okkultismus) in einer ›Loge‹.

Die ›Rekonversion‹ (Rückumwandlung), von der wir sprechen, ist also jener Vorgang, durch den das sternenbewußte Individuum erkennt, daß es als Stern zu einer Konstellation gehört. Er nimmt nach und nach (zuerst aber nur durch intellektuelle Begriffe und unstete Gefühle) die Nähe, Kameradschaft und gegenseitige spirituelle Hilfe der jeweils anderen Teilnehmer am Leben und der Lebensaktivität dieser Konstellation wahr. Wenn das stattfindet, erfährt er ein weiteres Mal, daß er nur ein kleiner Teil in einem ungeheuer zahlreichen Ganzen ist. Er ist nicht mehr imstande, sich seiner Egoisolation zu rühmen oder aber seine tragische Einsamkeit zu beklagen. Er gewinnt langsam und mit Mühe ein neues Gefühl der Teilnahme an der Gemeinschaft. Und sowohl dieses Gefühl wie auch diese Gemeinschaft haben nun die Merkmale des Geistes. Sie sind nicht mehr irdisch bedingt und in der dunklen Instinktnatur verwurzelt.

Wenn sich die Persönlichkeit durch ein solches Gemeinschaftsgefühl mit anderen Wesen, die zum Geist gehören und dementsprechend für den Geist arbeiten, zu erneuern beginnt, so kann sie sich wirklich auf das Werk der Rückumwandlung konzentrieren. Je klarer dieses Gefühl der Gemeinschaft und je unfehlbarer und konkreter die Zeichen einer Zusammenarbeit mit großen Wesen, auf die das Licht ihrer jeweiligen Sterne (und der gemeinsamen Kraft der Konstellation) strahlen, umso schneller und gründlicher ist die Arbeit der Persönlichkeitsrückumwandlung. Die Hauptschwierigkeit im Anfangsstadium dieses Werkes besteht darin, daß das Individuum seine Pläne auf ein neues Ziel richten muß, dessen genauen Charakter es noch nicht deutlich versteht. Gleichzeitig aber ist die Kraft der Gewohnheiten und die Tendenz zu Automatismus oder Routine, Tätigkeiten, die sich, wenn nicht sicher, doch so zumindest in jeder Hinsicht als vertraut erwiesen haben, noch immer sehr stark.

Das Problem ähnelt ein wenig der Umwandlung der Produktion einer Fabrik in Richtung auf die Bedürfnisbefriedigung eines neuen Marktes, wobei aber weder der Markt noch seine zukünftigen Erfordernisse klar bekannt sein kann. Aber gesellschaftliche Instinkte und Traditionen können den Reisenden auf dem Erleuchteten Weg nicht voranhelfen, denn er muß sich in seinem Unterbewußten von ihrem Druck befreien. Vision, Verständnis, die meist nicht sehr klare Auszeichnung der Erfahrung einiger weniger Individuen, die vor denselben Problemen standen, und vor allem der Glaube... das sind die Ingenieure, denen es gelingen kann, die Werkzeuge der Persönlichkeit neu zu schaffen und sie an die bereits verspürten neuen Bedürfnisse anzupassen. Die neue Energie, die durch eine transzendente Marsfunktion dargestellt wird, ist bereits verfügbar, und dennoch scheint es unendliche Hindernisse zu geben, die ihrer effektiven (und vielleicht sicheren) Nutzung im Weg stehen. Der hauptsächlichste Stolperstein ist Fremdheit und Mangel an Vorerfahrungen. Bei jedem Schritt muß immer irgendwie improvisiert werden... und die fast unausweichliche Folge davon ist Spannung und Streß durch die Sorge über die Ergebnisse, durch die Überfokalisierung von Aufmerksamkeit sowie die Unfähigkeit, die Dinge in ihrem eigenen Schwung und Zeitmaß geschehen zu lassen.

Ganz offensichtlich findet dieses Problem der Rekonversion der Persönlichkeit heute seine Parallele in seiner kollektiven Entsprechung, nämlich der Aufgabe, sowohl die Ökonomie wie auch das religiöse und sittliche Denken der modernen Gesellschaft zu verwandeln. Es wurden neue Energiequellen entdeckt. Und bald wird die Welt nicht mehr von dunklen Stoffen wie Kohle oder Öl abhängen, um ihre Fabriken zu betreiben. Und aufgrund der Automation kann man nun auf die unaufgeklärte Sklavenarbeit von Klassen verzichten, die durch religiöse und Rassenvorurteile gesellschaftlich unterdrückt gehalten wurden. Die weltweite Solidarität aller Menschen und Gruppen darf nicht mehr rückgängig gemacht werden. Wir sind nun an der Schwelle einer weltweiten Gesellschaft, einer Gemeinsamen Welt des Menschen... aber das bedeutet nicht notwendigerweise eine Welt, die von einer bestimmten gesellschaftlichen oder religiösen Ideologie oder Lebensweise (das heißt einer dominanten Art der Jupiteraktivität) beherrscht werden.

Und dennoch! Was sehen wir noch immer rings um uns, lange nachdem die einschneidenden Tragödien des letzten Weltkrieges geschehen sind? Nationalismus, kollektiver Stolz und Klassengier nach Macht, Profit und Position beherrschen überall das immer gleiche alte Spiel der Politik, die nationale Güterproduktion und den internationalen Handel. Menschen ohne Glauben an die Zukunft hoffen noch immer auf eine ›Rückkehr zur Normalität‹ und verehren in legalistischem und verunsichertem Bewußtsein den *status quo.* Und das bedeutet in der einen oder anderen Form die Herrschaft gesellschaftlicher Privilegien und angehäufter Profite... die gesellschaftlichen Entsprechungen der Egozentrik einer individuellen Person. Jede der beiden Parteien in einem unablässig geschürten weltweiten Interessenskonflikt hebt ihre Lebensform, ihren Zugang zur Wirklichkeit und Religion, ihre Kultur und Tradition in den Himmel... und beansprucht oftmals die ausschließliche Führungsrolle in der Entwicklung der menschlichen Geschichte. Werden unsere weltweiten Krisen immer umsonst bleiben? Wird das grauenhafte Leiden und Sterben sinnlos sein?

Auf der Ebene der Persönlichkeit erheben sich diese Fragen zweifellos im unruhigen Geist eines jeden Menschen, der den Erleuchteten Weg beschreitet, und sich mit der Rekonstruktion seiner Persönlichkeit konfrontiert sieht, nachdem alle vorhergehenden Prüfungen mit der Reinigung und Neuorientierung des Bewußtseins, des Willens und der Gefühle beendet sein sollten. Unter allen oberflächlichen Problemen liegt als wirklicher Grund die Tatsache, daß Sinn und Zweck der Persönlichkeit selbst voll und ganz erneuert werden muß. Ich wiederhole, daß Persönlichkeit nicht mehr das Blühen einer kollektiven Tradition oder Kultur sein kann, die im Instinkt und in unbewußten Haltungen verwurzelt ist, ebensowenig kann Persönlichkeit auf der Grundlage einer egozentrischen rebellischen und stolzen Selbstäußerung eine auch nur irgendwie dauerhafte Form annehmen.

Was muß dann geschehen? Nur eines: die Persönlichkeit in ein Werkzeug für das Wirken des Geistes zu verwandeln. Menschliche Evolution ist immer eine Reihe von Schritten nach vorne. Der Geist ist das, was vorwärtstreibt, was neue Lösungen für neue Bedürfnisse und ungelöste alte Bedürfnisse vorlegt. Der Geist ist eine Freisetzung von neuem *logos*, von neuen schöpferischen ›Worten‹, die Inkarnation Gottes und als solche Lösungen für die neuen Bedürfnisse der Menschheit sind. Rekonversion oder Rückumwandlung auf dem Erleuchteten Weg macht es möglich, daß diese neuen Lösungen durch das persönliche Beispiel konkret und wirksam werden.

Das ist die wirkliche Bedeutung von Inkarnation. Jeder Mensch, dessen Persönlichkeit zu einem Instrument wird, durch das das neue Wort des schöpferischen Geistes wirkungsvoll und überzeugend formuliert werden kann, ist eine göttliche Inkarnation, ein ›Avatar‹. Jesus sagte, daß er auf Befehl seines Vaters wirkte, und er hat uns aufgefordert, dasselbe zu tun. Der Vaterstern in jedem Menschen, der sich von der Fesselung an menschliche und kulturelle Wurzeln befreit hat, hat einen Auftrag für ihn, und es ist der Auftrag der großen Gemeinschaft, zu der der Vaterstern gehört. Unsere Aufgabe ist es, diese Arbeit als ›Sühne‹ unseres Vatersterns zu erfüllen, und das können wir nur dann tun, wenn wir unsere Persönlichkeit für neue Ziele und Zwecke rückumwandeln... und wenn wir es gründlich tun.

Sechste Phase:
Das Saturnstadium...
Neu-Verkörperung

Einer der Hauptgründe für all die vielen verwirrten und verwirrenden Äußerungen, die man in psychologischen Schriften finden kann, ist das offensichtliche Versagen des modernen Psychologen, eine realistische Haltung gegenüber dem Ego einzunehmen. Die Unterscheidung des Theosophen zwischen einem ›niedrigeren‹ persönlichen Ego und einem ›höheren‹ Ego ist nicht sehr hilfreich, um diese Frage zu klären, denn sie ist selbst Teil eines *a priori* und einer abstrakten Klassifikation, die man kaum als Lösung für die drängenden und sehr konkreten psychologischen Konfrontationen akzeptieren kann, die sich dem heutigen Durchschnittsmenschen stellen (das soll nicht heißen, daß sie nicht in ihrem innersten Gehalt richtig sein können). Das Problem, mit dem jeder Mensch bei der Überwindung der engen Grenzen, der Voreingenommenheit oder Ausschließlichkeit einer auf sich selbst gerichteten oder egozentrischen Haltung konfrontiert ist, kann in seinem wirklichen Wesen nur dann verstanden werden, wenn die Gültigkeit gerade dieses Begriffes ›Egozentrik‹ hinterfragt wird, und das Ego (oder das persönliche Selbst) nicht als mysteriöses *Subjekt*, sondern ganz praktisch und konkret als ein psychisches *Gebilde* gesehen wird. Den leichtesten Zugang zu diesem Problem findet man, wenn man die tatsächliche Bedeutung eines Standardsatzes, den jedes normale Individuum ausspricht, sorgfältig und vorurteilslos analysiert: »Ich bin Herr so-und-so«. Was meint eine Person namens Paul Smith wirklich, wenn er *zu sich selbst* sagt: »Ich bin Paul Smith«? Wo liegt der Nachdruck? Wo ist der bewußte Brennpunkt dieser Äußerung? Welches dieser Worte (ich, bin, Paul Smith) bezieht sich wirklich auf das Ego, wie der moderne Psychologe diesen Begriff Ego versteht? Die naheliegendste Antwort auf eine solche Frage würde lauten, daß die wichtigste und zentrale Tatsache in dem Satz »ich bin Paul Smith« darin bestehe, daß das ›Ego‹ nun zur ›Seele‹ geworden ist. Das Ego war der Verwalter und Beherrscher der strukturellen Reaktionen des Bewußtseins auf Lebenserfahrungen ... eine typisch männliche Entität, die sich mit den Problemen der Form, Methode und Meisterschaft über Materie und Gesellschaft befaßte. Aber wenn dieses Ego seine geballte Aufmerksamkeit und Kraft nicht mehr in die Richtung struktureller und materieller Faktoren lenkt, sondern sich nach innen kehrt und dem Stern zuwendet, um dort den Vollkommenen Archetypus des Menschen als Vision sehen zu können, eines Menschen, der im Ebenbild Gottes erschaffen wurde, und wenn schließlich die Strahlen des Sternes imstande sind, den Kern seines Seins zu erreichen und das Göttliche Bild darauf zu projizieren (oder in ihm zu erwecken), so wird das männliche Ego zu einer weiblichen Seele, die vom Licht potentieller Göttlichkeit erfüllt das Christkind in sich trägt.

Dann wirkt Uranus als universelle Kraft, die den göttlichen Samen innerhalb der Persönlichkeit umgibt. Uranus versorgt diesen Samen mit einem spirituellen Bezugsrahmen, so ähnlich wie der Schoß der Mutter den Embryo mit einem magnetischen Feld von Lebensstrahlung umgibt, die von vielen Hellsehern als eine Schar von Elementarkräften gedeutet werden, und die den komplexen Prozeß der Reifung des Embryo lenken. Die Persönlichkeit, die auf diese Weise eine ›Mutter des Lebendigen Gottes‹ geworden ist, indem sie von diesem uranischen Feld des schöpferischen Geistes durchdrungen wurde, ist von einem Lichtschein umgeben. Das ist die Transfiguration, jenes geheimnisvolle Ereignis, das nicht nur einem einzigen Menschen geschah, sondern ein *Seinszustand*, der nach der Wende auf dem Erleuchteten Weg erreicht wurde... dem Saturnereignis, in dem das Individuum sich als einen Tempel für den reifenden göttlichen Samen erfahren hat.

Die Transfiguration Jesu ist ein symbolischer Ausdruck dessen, was in diesem Seinszustand enthalten ist, insofern er die verschiedenen Elemente der neuen Situation darstellt. Sie wurde als der Gipfel der Einweihungen Jesu interpretiert, und vielleicht war es wirklich der Höhepunkt, als Jesus der Menschensohn mit Christus dem Gottessohn voll identifiziert oder integriert wurde. Aber wir suchen hier einen spirituellen Prozeß so klar als möglich zu verstehen, der potentiell durch jedes Individuum erfahrbar ist, das eine bestimmte Krise vollkommener Neuorientierung durchlaufen hat, und deshalb ist es wichtig, nicht nur das zu betrachten, was Jesus geschah, sondern die ganze Szene ›auf dem Berg‹ und alle Teilnehmer an diesem mystischen Ereignis.

Der Schlüssel zu ihrer Interpretation liegt uns in den synoptischen Evangelien vor, und zwar in den Texten, die der Transfiguration unmittelbar vorausgehen. Jesus hatte seine Jünger gefragt: »Wer glaubt mir, daß ich bin?«, und Petrus hatte ungestüm geantwortet: »Du bist Christus, der Sohn des lebenden Gottes« (Matthäus 16,16). Aber als Jesus kurz danach von seinen bevorstehenden Leiden sprach, protestierte Petrus wiederum, und wünschte, es möge nicht geschehen. Jesus aber wies ihn mit äußerst heftigen Worten zurecht und erklärte, daß Petrus in seinem Protest zum Werkzeug des Versuchers geworden war.

Das Kräftespiel zwischen Petrus und Jesus ist sehr bedeutsam, da Petrus hier den typischen ›Schüler‹ darstellt: er hat ein intensives Verlangen nach dem spirituellen Leben, und dennoch eine sehr starke geistige Abhängigkeit von den normalen irdischen Werten. In jedem Individuum, das den Erleuchteten Weg beschreitet, gibt es einen Petrus wie auch einen Jesus. Petrus ist hier das Symbol des Ich-Bewußtseins, das von einem Augenblick zum anderen imstande ist, in seinem innersten Kern die Wirklichkeit des göttlichen Samens zu erkennen, dennoch aber nicht den Willen hat, den Bezugsrahmen zu verändern, in dem dieser Samen seine Kraft entfalten soll. Petrus ist insofern der Aspirant im Saturnstadium des Weges, Petrus der Fels. Er ist der erste, der den neuen ›Namen‹ ausspricht, um die neue Tatsache der Verkörperung Gottes als Christus im individuellen Menschen Jesus verkündigen. Und dennoch kann er diese neue Tatsache nur in Bezug auf die alte Art des ich-strukturierten Bewußtseins visualisieren und interpretieren. Ja, Gott ist unter uns, aber Gott sollte sich verhalten wie ein Mensch. ›Er ist Ich‹, gibt dieser Jünger zu, aber ›Ich‹ muß in seiner Vorstellung noch immer das Verhalten von ›Ihm‹ bestimmen.

Jesu Antwort auf Petrus: »Weiche, Satan«, läßt vermuten, daß Jesus selbst vielleicht versucht war, dem Schicksal zu entfliehen, das in der Tatsache seines

Christseins war. Aber er weist diese vierte Versuchung ebenso fest von sich, wie er die anderen drei Versuchungen in der Wüste nach seiner Taufe zurückgewiesen hatte. Er nimmt sein Christsein voll an und damit auch die Kreuzigung. Die Pflanze, die den Samen in der schützenden Hülle der Frucht trägt, erkennt, daß die Pflanze selbst im Rhythmus der Jahreszeiten zerfallen muß, wenn der Same einmal gereift ist. Und tatsächlich ›tötet‹ der Same die ephemere Pflanze, die ihn trägt. Die Himmelfahrt Christi wird durch die Kreuzigung Jesu prophezeit. Und in gleicher Weise muß eine Strecke des Erleuchteten Weges als die Straße nach Golgotha erfahren werden.

Diese Notwendigkeit voll und ganz zu erkennen und unwiderruflich zu akzeptieren ist die Bedeutung des Übergangs vom Saturn- zum Uranusstadium. Wer diesen Übergang erfolgreich hinter sich bringt, geht symbolisch vom Bewußtseinszustand des Petrus zu dem von Jesus über. Dann ist er bereit für die Transfiguration, die gleichzeitig das glorreiche Schicksal des göttlichen Samens (des Christus im Inneren) und die letztendliche Unterwerfung (Kreuzigung) des Ego besiegelt. Diese Unterwerfung ist notwendig, damit sich aus dem göttlichen Samen ein neuer Organismus des Geistes entwickeln kann, das unsterbliche Fahrzeug des himmlischen Selbst, der ›Auferstandene Körper Christi‹.

Die Szene auf dem Berg der Verklärung weiht den Sieg Jesu über diese vierte und saturnische Versuchung. Aus diesem Grund mußte Petrus, der Versucher anwesend sein, und er reagiert auf das glorreiche Ereignis in seiner typisch saturnischen Weise: »Laßt uns drei Tabernakel anfertigen...« und das bedeutet: »Laßt uns dieses große Ereignis im Rahmen unserer üblichen egostrukturierten und formalistischen Welt sanktionieren.« Im polaren Gegensatz zu Petrus wird Jesus, der Sieger verklärt: »Sein Antlitz schien wie die Sonne, und seine Kleider waren weiß wie das Licht« (Matthäus 17,2). Und mit ihm sprechen »Moses und Elijah, die in Glorie erschienen und von seinem Tod sprachen, den er in Jerusalem vollenden sollte« (Lukas 9,30). Und die Stimme Gottes erklingt aus einer Wolke, die bald darauf den ganzen Berg umhüllt: »Das ist mein geliebter Sohn, hört auf ihn.«

In dieser mystischen Szene sind die menschlichen und übermenschlichen Protagonisten gleichmäßig in merkwürdig polarer Beziehung balanciert. Es ist nicht nur Petrus, der Jesus Christus balanciert, sondern auch die beiden Jünger Jakob und Johannes (die Söhne des Zebedäus, die Jesus auch als ›Söhne des Donners‹ bezeichnete, um ihren spirituellen Zustand symbolisch zu benennen) sind die irdischen Gegenstücke von Moses bzw. Elijah. Moses ist dabei der Gesetzgeber und Elijah (Bedeutung des Namens: Jehovah ist Gott) ist der größte der alten Propheten, der in einem Wirbelwind zum Himmel auffuhr. Die Stimme Gottes vollendet die Siebenzahl. So ist das Ganze des ›Menschen‹ dargestellt: die niedrigere Dreiheit (die Jünger), die höhere Dreiheit und Jesus Christus als Verbindungsglied, in dem die menschliche und göttliche Natur integriert ist.

Das Licht, das durch Jesu Gestalt strahlt, ist das uranische Licht, und seine leuchtenden Kleider symbolisieren den Geistesorganismus, der sich nun entwickelt, das Gewand der Glorie, von dem die Gnostiker sprechen. Und dennoch ist dies nicht der letzte Schritt der vollkommenen Initiation, sondern vielmehr in gewissem Sinn nur der unabänderliche Anfang. Im Grunde geschieht folgendes: eine neue Beziehung zwischen der inneren Welt des Geistes und der äußeren Welt der menschlichen Gesellschaft wird dramatisch oder rituell geschaffen.

Das Individuum, das dieses Uranusstadium auf dem Erleuchteten Weg erreicht, ist jetzt mehr als Mensch. Es hat nicht nur die Wirklichkeit des göttlichen Samens in sich erfahren, sondern dieser Lichtsame scheint nun auch durch seinen Körper. Es spricht von seiner Göttlichkeit in Gedichten des Lichtes, und die Stimme Gottes befiehlt: »Hört auf ihn.« Das verklärte Individuum ist zu einem Brennpunkt für die Kraft des Universellen Bewußtseins, des *Duranos*, des schöpferischen Gottes des universellen Raumes geworden. Die Menschen werden aufgefordert, ihm zuzuhören, von seinem Strahlen die ansteckende Begeisterung eines Menschen zu empfangen, in dem Gott geboren wird, dessen Seele bis zum Überfließen vom Geist erfüllt ist... ebenso wie eine schwangere Frau oftmals von einer merkwürdigen Kraft leuchtender Kraft überzufließen scheint.

Das Geheimnis der Entfaltung des göttlichen Samens in einem Menschen, dessen Ego zur Seele transformiert wurde, wurzelt in der spirituellen Manifestation des Saturn, aber es beginnt erst nach außen zu strahlen, wenn die Uranusenergie freigesetzt wird. Uranus ist Blitz, aber auch die schöpferische Kraft des mystischen Klanges, der gemäß den alten Traditionen Indiens alle Räume durchdringt... das *Akasha* oder ›höhere‹ Astrale Licht. Wie ein Blitz kann dieser Klang töten, er ist aber auch die Stimme Gottes in der geistgetränkten Seele. Er muß gehört werden, denn der Geist ist immer und ewig das, was alle Bedürfnisse erfüllt, was überall dort die Harmonie zurückbringt, wo das Egobewußtsein und die Materie Zerstörung und Zerfall verursacht haben. Tatsächlich kann es keine wirkliche Manifestation des Geistes geben, wenn nicht zwei Polaritäten vorhanden, und nicht nur vorhanden, sondern auch integriert sind.

So polarisieren sich also auf dem Berg der Transfiguration das Reich des Geistes und das Reich der zum Geist strebenden Menschheit; und Christus, der Sohn, ist das integrative Licht, das die beiden Reiche spirituell verbindet, während die Stimme des Vaters den irdischen Menschen erweckt und aufruft. Es ist der Mensch im Stadium des Jüngers, der aber noch immer von Angst überschattet ist.

Dieses große Drama findet im höchsten Reich individuellen Bewußtseins (dem ›Berg‹) statt, in dem der Mensch das Uranusstadium des Erleuchteten Weges erreicht hat. Was in der individuellen Seele geschieht, muß noch immer auf der kollektiven Ebene der Gesellschaft vollzogen werden. Dieser Vollzug ist die Passion, die Konfrontation mit der gewalttätigen Trägheit veralteter gesellschaftlicher und religiöser Strukturen, das opportunistische Urteil von Pilatus, des Vertreters einer imperialistischen Gesellschaft, die den wirklichen Problemen nur aus dem Weg gehen und ihre kollektiven Hände in Unschuld waschen kann, wenn sie sich mit der Notwendigkeit konfrontiert sieht, den Geist und die Eigenschaften ihrer elementaren Beziehungen zu verwandeln. Und zum Schluß folgt dann die öffentliche Kreuzigung. In dieser Phase des Dramas zwischen dem verklärten Individuum und den materialistischen, machtgierigen Herrschern einer seelenlosen

Gesellschaft müssen wir die logische Entwicklung der Transfiguration sehen. Und gerade auf dem heiligen Berg der Verklärung verkünden Moses und Elijah dem zum Christ gewordenen Jesus seinen Tod in Jerusalem auf dem Kalvarienberg (was Schädelstätte bedeutet). Gekreuzigt wird die ganze Vergangenheit des Individuums, das, was die Bildung des Samens der menschlichen Göttlichkeit, die Mutter des lebendigen Gottes gefordert und ermöglicht hat. Das verklärte Individuum muß aus jeglicher Unterwürfigkeit und innerer Bindung an alle ›Mütter‹ auferstehen, die sein Wachstum als Bewußtseinsorganismus behüteten. Der individuelle Mensch muß dem Vater sein Sohnsein beweisen, indem er für alle irdischen ›Mütter‹ stirbt, also für alles Kollektive, Unindividualisierte, Traditionelle und Bindende.

Aber in diesem Tod ist es letztlich das Kollektive, was die Zurückweisung vollzieht. Die privilegierten Klassen weisen das verklärte Individuum zurück, dessen Geist als strahlendes und ansteckendes Beispiel ihre Privilegien bedroht, dessen spirituelles Sein jetzt aber durch eine andere Kraft energetisiert und erhalten wird... die Kraft des Uranus, des schöpferischen Raumes. Die Kreuzigung befreit das Christuswesen von der Gesellschaft, die ihn zurückweist, sie befreit ihn von der Vergangenheit, und hinfort kann er nur noch eine *Vorwegnahme der Zukunft in die sich entwickelnde Gegenwart* sein. Er kann eine ungehinderte schöpferische Kraft des Geistes sein. Er kann die schöpferische Zukunft sein, die sich in und durch einen ›Organismus‹ aus Licht und Geist, den Auferstandenen Körper fokalisiert. Er hat die Unsterblichkeit durch den Tod gewonnen... dank sei Judas.

Das ist das große Mysterium oder spirituelle Paradox im Kern der uranischen Aktivität. Für den normalen egozentrischen Menschen ist Uranus der Revolutionär, der Störer, die Kraft, die den Frieden erschüttert, die eine Haltung unhinterfragter Anlehnung an eine scheinbar sichere Vergangenheit zerstört. Und dann erscheint Uranus dem freieren Geist als inspirierende, offenbarende, spirituell befruchtende und verklärende Kraft. Und zuletzt muß eine weitere Funktion vollzogen werden: Uranus muß den Gegner des durch ihn verklärten Individuums auf den Plan rufen.

In jeder Persönlichkeit gibt es immer Elemente, die nicht verklärt werden können, die bis zur allerletzten Krise der Metamorphose widerstehen. Selbst der ›Petrus‹-Aspekt im Bewußtsein eines Individuums versucht immer und ewig das zu materialisieren und zu organisieren, was zum Geist gehört. Selbst Petrus wird seinen Meister dreimal verleugnen, wenn ein ›Ja‹ zu seiner Göttlichkeit seine persönliche Sicherheit bedroht. Später, in Rom wird er vor der Verfolgung flüchten, bis die Vision Christi ihn so beschämt, daß er zurückkehrt, um seine eigene Kreuzigung auf sich zu nehmen.

Im Saturnstadium der Reise zum Stern entsteht oftmals ein Gefühl spiritueller Selbstzufriedenheit im Bewußtsein des Reisenden. Hat nicht Gott es für richtig befunden, wie ein Same des Lichts in seiner Seele zu wohnen? Hat er nicht diese göttliche Gegenwart anerkannt und viele Dinge aufgegeben, um diesem Christus in seinem Inneren zu ›folgen‹? Dieses Gefühl spiritueller Leistung und Behaglichkeit wird Uranus erschüttern und zerstören... und das ist das Werk des Widersachers, den Uranus beschwört.

Zu allen Menschen, die Petrus gleichen und sich in ihrer glühenden Jüngerschaft Christus gegenüber so trügerisch sicher fühlen, muß die Zerschmetterung ihrer Hoffnung kommen, das Gefühl, daß sie sich voll und ganz jemandem verschrieben haben, der versagt hat... es ist die Tragödie der Zerstörung des meistgeliebten Ideals. Ihre saturnische Trägheit muß ein weiteres Mal gebrochen werden, und diesmal auf der scheinbar spirituellen Ebene. Die Kraft des Gottes im Inneren muß die Angst und Unsicherheit in den alten Egoresten überwinden, wenn dieses Ego beim Anblick der Kreuzigung jener Persönlichkeitsstrukturen, die es aufgebaut hat, bestürzt ist.

Jesus sagt: »Dein Wille geschehe, nicht der meine.« Aber Petrus nimmt sein winziges physisches Schwert (seinen Egowillen) und selbst nach der Erfahrung auf dem Berg der Verklärung begreift er nichts und kämpft gegen die Unausweichlichkeit der Kreuzigung. Er muß noch immer lernen, sich voll und ganz auf die Kraft des Geistes zu verlassen, er muß erkennen, daß der unsterbliche spirituelle Organismus nur dann funktionieren kann, wenn der ionische, stoffliche Körper voll und ganz gereinigt und in der Substanz des Geistes neu hergestellt ist. Vielleicht hätte Petrus verstanden, wenn er die Kraft gehabt hätte, auf dem Berg der Verklärung nicht in Angst zu verfallen. Aber seine Angst und seine materialistische Haltung der traditionellen Anbetung zwangen den ganzen Berg dazu, sich mit einer Wolke zu umhüllen. In gleicher Weise hinderte ihn seine sterbliche Müdigkeit im Ölgarten daran, neben seinem göttlichen Meister wachzubleiben, während Jesus sein letztes Gebet zum Vater sprach.

Die Wolke, der erschöpfte Schlaf... gerade zu der Zeit, als der Geist von Petrus mit höchster Dringlichkeit eine vollständige Wachsamkeit als bewußter Teilnehmer am Mysterium forderte: das sind die negativen Manifestationen Neptuns auf dem Erleuchteten Weg. Aber jenseits dieser Wolken sollte der Reisende sehen, wie sich eine neue Kraft des Geistes entfaltet. Und wer alle geistigen Wolken durchdringen und jegliche Seelenmüdigkeit überwinden kann, wird eine neue Meisterschaft erringen: die neptunische Transsubstanziation irdischer persönlicher Elemente in göttliche Gaben... deren Symbol die Eucharistie ist.

Siebente Phase: Das Uranusstadium ... Transfiguration

Der erste Teil des Prozesses, der aus einem Menschen einen lebendigen Gott macht, ist mit dem Saturnstadium des Erleuchteten Weges abgeschlossen, nun aber beginnt auch der zweite Teil. Saturn, der spirituelle Same, ist sowohl Ende wie auch Anfang. Die Phase der ›Gegenseitigkeit‹ ist der siebente Schritt, gleichzeitig aber auch der erste in einer neuen Reihe von sechs Phasen. Der ferne Stern im Himmel, auf dem das Erleuchtete Individuum sein ganzes Bewußtsein neu orientieren wollte, wurde im ›Herzen‹ des Individuums als göttlicher Same erkannt. Das ›Ich‹ war nur eine Schwellenerkenntnis (ein bloßes Gefühl transzendenter Identität) für die Persönlichkeit, deren Bewußtsein durch ein Ego strukturiert war, das diese Struktur in ihrer Form schützen und kräftigen wollte ... und dieses Ich wird nun gewissermaßen herumgedreht. ›Ich‹ wird zu einer Ausdrucksform, einer Kraft, einer Verlängerung oder einem Kind von ›Ihm‹, dem Gott, dessen Gestalt nun zumindest dunkel wahrgenommen wird. ›Gott lebt mich‹, sagt der christliche Mystiker, dessen Persönlichkeit zu einer Mutter, einem Schoß geworden ist, in dem der göttliche Embryo sich als *Organismus des Geistes* entwickelt. Der Stern im Himmel wurde zum pulsierenden Herzen des Christkindes in der bis zum Äußersten erneuerten Person.

Und nun haben wir den langsamen Reifungsprozeß dieses göttlichen Embryo mitzuerleben, und er wird solange andauern, bis eine Phase spiritueller Entfaltung erreicht wird, die der tatsächlichen Geburt im Bereich des Lebens entspricht. In der astrologischen Symbolik bezeichnet Saturn die Tränkung des Ego durch den Strahl, der aus der Sonne entspringt, die festere Bildung oder Aktivierung des göttlichen Samens. Uranus und Neptun beziehen sich auf die mystischen Prozesse der Transfiguration und Transsubstanziation. In Pluto und dem Planeten jenseits von Pluto schließlich finden wir die Symbole für die letzten Phasen der Schwangerschaft des Christuswesens. Das letzte Ereignis ist die Geburt selbst, der ›Eintritt‹ in die Gemeinschaft der Sterne: die wirkliche Einweihung.

Auf der üblichen Ebene astropsychologischer Interpretation wird Uranus als aufrüttelnde, erregende, revolutionierende und dynamisch transformierende Kraft betrachtet. Seine zutiefst beunruhigende Wirkung hat überall dort zerstörerische Assoziationen, wo sich der Mensch so sehr auf die Bewahrung seiner Bewußtseinsstruktur und seiner typischen Reaktionen auf das Leben (die Erhaltung seines Ego) stützt, daß jede Kraft, die die Wichtigkeit dieser Egostruktur herausfordert, ihm zerstörerisch erscheint und dann tatsächlich auch wird. Uranische Ereignisse sind für das Ego das, was gewalttätige gesellschaftliche Revolutionen für die herrschenden Klassen sind, die sich hartnäckig an ihre veralteten und anachronistischen Privilegien klammern.

In anderen Fällen aber wird die uranische Herausforderung an die Egostrukturen und gesellschaftlich-religiösen Privilegien nicht von außen als eine Erhebung aus den unterdrückten und undifferenzierten Tiefen des Unbewußten oder aber des ganzen Volkes betrachtet, sondern vielmehr als eine Art Niederkunft des Geistes. Sie kommt vielleicht als erschreckende Gegenwart von Licht und Kraft oder als ein Blitz vom Himmel. Es kann eine Vision, ein Aufruf zur Handlung, eine plötzliche Erkenntnis des nächsten notwendigen Schrittes oder aber eines fernen Ziels sein. Auch solche Erfahrungen können ein derartiges Gefühl von Unsicherheit, Angst oder äußerster Bestürzung über die spirituelle Leere der vergangenen Jahre erwecken, daß das Ego seine Bewußtseinsstrukturen abschottet und sich weigert, der Offenbarung ins Auge zu blicken, da es deren Kraft oder Folgen nicht zu widerstehen vermag. Und der Schock kann manchmal so groß sein, daß er das Ego zumindest zeitweilig in eine hoffnungslos schlimme Lage versetzt.

Aber ein Individuum, das auf dem Erleuchteten Weg schon bis zu dem Punkt vorangeschritten ist, wo Saturn die Verkörperung des Geistes im eigenen Wesen als göttlichen Samen darstellte, braucht Uranus nicht mehr als eine Kraft negativer Einbrüche zu betrachten, auch wenn seine Heimsuchungen die neuorientierte Persönlichkeit bis ins Mark erschüttern und vielleicht Ankündigungen der letztendlichen Befreiung vom irdischen Körper sind. In diesem Stadium des Erleuchteten Weges ist Uranus eine Kraft der Transfiguration. Er setzt Licht frei, und das geschieht durch die Persönlichkeit, die im Mysterium der spirituellen Schwangerschaft leuchtet... es ist das Licht der Erfüllung. Der Stern richtet seinen Strahl auf den göttlichen Samen im Inneren, und dieser Same ist ein Organismus aus Licht, der im Ebenbild jenes Gottes geschaffen ist. Dessen Körper der universelle Raum ist, ein Raum, der mit der schöpferischen Energiesubstanz erfüllt ist, die durch zahllose Linsen, die Sterne fokussiert wird und von den Menschen dann als Licht wahrgenommen wird. Der Stern ist die kosmische Linse, aber das Ebenbild Gottes ist im Individuum, dabei muß sichergestellt werden, daß der ›Same‹ im Menschen bereit und von lebendigem Glauben durchtränkt ist, daß die Prüfungen genau den erwarten, der alle Sicherheiten hinter sich läßt und sich auf den Weg zum Stern macht.

Der Same des individuellen Selbstseins des Menschen muß keimen, wenn Zeit und Klima den Ton des neuen Frühlings anschlagen. Das Keimen ist Selbstzerstörung und der offenbare Tod des Samens als Samen. Und dennoch kann dieser Tod, dieses Zerbrechen der Egoschutzschicht, dieser Einbruch der dunklen Energien des Bodens, diese scheinbare Beschmutzung der jungfräulichen Samensubstanz durch den Mist vergangener Zyklen als Ankündigung neuer Kräfte verstanden werden, hinter der schon das Strahlen des Sterns erspäht werden kann. Doch dazu muß ein Mensch Glauben und Mut besitzen.

Aber auch Dankbarkeit. Geist ist immer ein Geschenk. Wasser ist ein Geschenk. Es ist – wie die alten *Upanischaden* deutlich angeben – das Produkt eines Opfers. Es kann kein vom Geist mit Energie geladenes Wachstum ohne die Kooperation des lichterfüllten Universums geben. Licht ist ein Geschenk, Gott der Schenkende. Geist ist überall. Es ist die universelle Samensubstanz des Göttlichen. Es ist das Lebendige, wie auch das Lebendige Wasser. Man sollte mit Dankbarkeit und Liebe daran teilhaben.

Die Energien des Körpers und des Lebens müssen weise und wirksam, ohne Vergeudung und unziemliche Hast ›verwaltet‹ werden. Aber da die Kraft des Geistes ein Geschenk und das Ergebnis des Opfers ist, sollte man ihr mit einer vollkommen anderen Haltung begegnen. Ohne eine solche Haltung kann es keine tiefe Reenergetisierung geben, und das von Gott isolierte Individuum wird auf dem Erleuchteten Weg zusammenbrechen, unfähig sich zu bewegen, gefroren vor Angst vor dem unerklärlichen Raum. Aber wenn das Herz eines Menschen durch Glauben und Dankbarkeit erwärmt wird, wenn er erkannt hat, daß Geist Nahrung und Trank für den ist, der sich seiner konkreten Wirklichkeit im ganzen Raum voll bewußt ist und es als eine Gabe Gottes empfängt, dann kann er seine neue Aufgabe beginnen. Er lernt, diese neuen Kräfte des Geistes zu verwenden und nicht vergeuden. Er erkennt, daß sie ihm in heiligem vollem Vertrauen verliehen wurden, und daß er dieses Vertrauen rechtfertigen muß, daß er diese Kräfte nur als Reaktion auf ein Bedürfnis einsetzen darf, so daß überall, wo er vorbeigeht, ein höherer Zustand von Harmonie und ›Einschließlichkeit‹ erreicht werden kann... er lernt, sie dem Rhythmus des Geistes gemäß und für Gottes Ziele einzusetzen.

In diesem Stadium des Erleuchteten Weges muß der Mensch handeln, aber er muß im Sinne neuer Ziele, neuer Werte und einer neuen Erkenntnis der Kraft des universellen Geistes handeln. Er muß auf eine neue Weise handeln, da die Energie, die ihn dazu befähigt, eine neue Art von Energie ist. Er hat den unbewußten oder halbbewußten Zustand instinktiver Betriebsamkeit hinter sich gelassen, in der er seine Kräfte aus der Gattungsenergie des Körpers und der Zellen oder aus der kollektiven Quelle des kulturellen Erbes und seiner Familientraditionen schöpfen konnte. Er hat unter dem Ansturm biologischer und gesellschaftlicher Wünsche die Müdigkeit und Unfähigkeit zu handeln erlebt. Und jetzt, nachdem er aus einer Krise scheinbarer Sterilität und eines äußersten Mangels an persönlicher Initiative aufgetaucht ist, findet er in sich einen neuen Handlungseifer. Aber es ist ein nüchterner Eifer geworden. Dieser Eifer sollte entspannt und von Selbstsucht, Enge, Haß, ja vom dünnsten Schatten der Angst oder Minderwertigkeit befreit sein.

Ein Mensch, der im Ganzen seines integrierten Selbst die Energie voll verwirklicht hat, die ihn erhält und aus der er die Kraft des allgegenwärtigen und allumfassenden Geistes schöpfen kann, wird niemals einen Energiemangel als persönliches Handicap verspüren. Und dennoch ... wie kommt es, daß es ihm hin und wieder unmöglich ist, die Wunder der Kreativität oder Heilung zu wirken, die von ihm erwartet werden?

Die Antwort lautet, daß seine Verwirklichung des Geistes vielleicht noch nicht umfassend genug ist, sein Glaube ist vielleicht noch von Zweifeln und Ängsten gefärbt, sein Ego sehnt sich nach Beifall und Anhängerschaft. Damit Energie zu verwendbarer Kraft werden kann, muß sie auf den Adressaten gerichtet und an ihn angepaßt werden. Sie muß durch einen Transformator, eine Maschine laufen: den Motor des wahren Selbst, des dynamischen Kerns einer integrierten Persönlichkeit. Ist dieser Motor dem Werk angemessen, das von ihm verlangt wird?

Die totale Persönlichkeit eines Menschen, der auf dem Erleuchteten Weg fortschreitet, muß tatsächlich zu einem Motor für die Freisetzung des Geistes werden. Die Schritte der Neuorientierung, Repolarisierung und Neubewertung haben das Bewußtsein vorbereitet und das Ich, seinen Herrscher verwandelt. Und dennoch bleibt noch viel zu tun. Unter dem Symbol des Mars wurde eine neue Beziehung zur Energie errichtet, ein neues Gefühl der Kreativität und ein neuer Zugang zur Handlung wurde erlebt. Das Individuum muß noch lernen, wie es mit dieser Energie wirksam umgehen kann, wie es sie als Unterpfand des Vertrauens im Namen dieser universellen Harmonie verwalten kann, die die Substanz des Göttlichen ist... und das heißt im Sinne der Bedürfnisse, die auf dem Weg entstehen, und die es gemäß seiner Aufgabe und Verantwortung befriedigen muß.

Und leider trifft ein solcher Mensch auf so viele Bedürfnisse! Die erste Lektion, die er lernen muß, ist die der Unterscheidung. Er, der die Energie des Geistes für Gott verwalten soll, muß die Grenzen seiner Funktion im Geiste kennenlernen. Er muß seinen ›Platz‹ in Gott kennen... den Platz, den der Stern innerhalb der Konstellation einnimmt, in der Er als eine Linse wirkt, durch die Gott in Ewigkeit handelt. Das zu wissen heißt nicht nur die Grenzen zu kennen, die der eigenen Fähigkeit, spirituell zu handeln und zu heilen gesetzt sind, es beinhaltet auch das Wissen, daß man dabei nicht allein ist. Es bedeutet, als Stern die Begleitsterne zu erfahren. Es bedeutet, voll und ganz zu erkennen, daß jeder Stern eine Funktion und einen Ort im Geist einnimmt und in diesem Wissen auch das zu vollziehen, was man dem eigenen spirituellen Schicksal gemäß vollziehen muß... heiter, freudig, ruhig und ungerührt von all den Bedürfnissen, deren Erfüllung einem nicht selbst obliegt, sicher darin, daß alle Bedürfnisse von Gott immer auf genau die Weise erfüllt werden, in der sie erfüllt werden können.

Achte Phase:
Das Neptunstadium . . .
Transsubstantiation

Die Saturnphase des Erleuchteten Weges zeigt die Befruchtung des individuellen Ego, das unwiderruflich seine Persönlichkeit auf das himmlische Licht des Sternes hinorientiert hat, durch den universellen Geist. Die Erkenntnis neuer Werte, neuer Ziele und neuer Energiequellen hat den Weg für den großen Augenblick vorbereitet, an dem das Individuum in sich die Gegenwart des lebendigen Samens seiner Göttlichkeit erkennt. Sein inneres Leben ist nun repolarisiert und zu einem Seelentabernakel geworden, das das Wachstum des göttlichen Samens umfängt, und in diesem Zustand stimmt es sich allmählich immer mehr auf die Wirklichkeit des allumfassenden Geistes ein, der seinen ganzen Raum erfüllt. Sein Bewußtsein wird transformiert, sein Geist verklärt, indem es sich auf den uranischen elektrischen Energiefluß konzentriert, der alle Trägheit und Angst, jegliche Abhängigkeit von familiärer, gesellschaftlicher oder religiöser Sicherheit, jedes Gefühl der Zufriedenheit mit sich selbst und den eigenen Leistungen, selbst den scheinbar ›spirituellsten‹ zerschmettert und wegbrennt.

Dieser Fluß des universellen ›Wassers‹, das aus der umgestürzten Urne des Himmels auf die Seele herabfließt, die den lebendigen Gott in sich trägt, ist dennoch merkwürdig und beunruhigend. Er bringt dem Bewußtsein nichts, was ihm vertraut ist, nichts, auf das er sich entsprechend bekannten Werten oder Standards hinorientieren kann. Und die Mystiker aller Länder haben für uns Reisende auf dem Erleuchteten Weg die Verblüffung, die Verwirrung und den Schrecken aufgezeichnet, die einen Menschen befällt, wenn er sich in einer Wolke zu verlieren scheint, die sich aus den himmlischen Reichen des Geistes verdichtet hat, ›die Wolke des Nicht-Wissens‹: oder ist es nicht vielmehr das *Falsche Wissen*?

Diese Wolke umhüllte den Berg der Verklärung, als die drei Jünger vor der Erscheinung des Moses und Elijah standen, die mit dem verklärten Jesus sprachen. Und die Jünger fürchteten sich. Petrus hatte die bezeichneten Worte geäußert: »Meister, es ist gut, daß wir hier sind: laßt uns drei Tabernakel anfertigen, einen für dich, einen für Moses und einen für Elijah« (Markus 9,2). Zwei der Evangelisten fügen wie nebenbei bemerkt als Entschuldigung hinzu, daß Petrus nicht wußte, was er sagte, denn er hatte schreckliche Angst. Dieses ›nicht wissen, was man sagen soll‹ und diese Angst sind Faktoren von tiefer und entscheidender Bedeutung im Prozeß der spirituellen Entfaltung, wenn sie sich an wichtigen Wendepunkten oder Schicksalskrisen manifestieren! Sie veranlassen die Wolke, das Bewußtsein des Aspiranten oder Schülers, der am höchsten Punkt festsitzt, den er erreicht hat.

Kaum hatte Petrus diese Worte in Reaktion auf seine spirituelle Erfahrung der Verklärung geäußert, als die Wolke die Vision verwischte. Die Vision verschwand ganz einfach, weil Petrus dieser transzendenten Erfahrung mit einem unzureichend orientierten Bewußtsein begegnet war (Petrus symbolisiert dabei das Ego des Menschen, das bereits fähig ist, die Göttlichkeit in seinem Wesen, das Christsein, die Gottessohnschaft zu erkennen, aber es ist eine Göttlichkeit, die noch an saturnische Werte gebunden ist. Sein *inneres* Ego hatte sich geöffnet, aber verwirrt durch das, was er sah, und unfähig, auf der Ebene des Geistes den Glanz und die Majestät dieser Visionen auszuhalten, mußte er die Erfahrung auf die Ebene des religiösen und familiären Brauches herunterziehen, es war die einzige Ebene, mit der er bisher vertraut war. Er fühlte sich psychologisch gezwungen, die spirituelle Erfahrung zu materialisieren, das heißt, zu *organisieren*.

Sein ganzes Leben hindurch kämpfte Petrus gegen sein Bedürfnis nach psychologischer oder physischer Sicherheit. Dieses Bedürfnis, das für ihn so schwer zu überwinden war, veranlaßte die neptunische Wolke, das letztendliche Mysterium der Verklärung vor ihm zu verbergen. Die letztendliche Weihe Jesu als Christus-Neptun wendet sich immer zum Negativen für das Bewußtsein, das noch immer durch das saturnische Verlangen nach Sicherheit und Logik um jeden Preis gefesselt ist. Denn wenn dieses Verlangen unerfüllt bleibt, muß sich Angst entwickeln, und Angst läßt die höchste Vision verschwimmen. Spirituelles Wissen verliert sich in der Wolke des Nicht-Wissens. Es kann sogar vollkommen zerstört werden, und zwar durch den neptunischen Glanz, der die Wirklichkeit des Geistes durch intellektuelle oder religiöse Trugbilder ersetzt.

Am Neptunstadium des Erleuchteten Weges ist das einzige große Hindernis, das der Reisende überwinden muß, die Angst vor dem Unbekannten. Der Weg mag verloren scheinen, der Stern im Himmel kann durch einen höchst verwirrenden Lichtnebel verdunkelt sein, der göttliche Same im Inneren scheint jegliche Vitalität herauszuziehen, die Seele ist zu einem Abgrund vollkommener Leere geworden, es gibt nichts, auf das man sich hinorientieren könnte... nichts, als nur irgendein unverständliches Geheimnis. Selbst der Meister im Inneren ist verloren, und die Welt tief dort unten läßt ihren Zerfall im Schatten einer erschöpften Gesellschaft ahnen. Diese Erschöpfung erhebt sich von den menschlichen Ebenen wie auch aus jeder Körperzelle des Jüngers. Aus dunklen Erinnerungen an die Zeit der Ahnen ruft die Müdigkeit Furcht hervor. Wer weiß, wie lange die Wolke bleiben wird, die den einst erleuchteten Weg verhüllt? Wird der Reisende genug Kraft haben, um mit blutenden Füßen und gemartertem Verstand durch ihre vielleicht grenzenlose Ausdehnung hindurchzustoßen? Oder wird sich die Seele im neptunischen Nebel auflösen und der göttliche Same in einen Wasserwirbel hereingezogen werden?

Unter solch flüchtigem, ungreifbarem und dennoch erschreckendem Druck weiß der ›Petrus‹ in jedem Reisenden nicht mehr, was er sagt. Es ist der Schatten in ihm, der spricht... der Schatten des Petrus und auch der Kirche, die ebensosehr auf seinen Fehlern wie auf seinen Tugenden erbaut ist. Und immer mehr Tabernakel werden erbaut, steinerne Denkmäler für die neptunische Wolke, die den abschließenden Ritus der Verklärung verbirgt oder verzerrt. Der Schatten spricht Worte des Nicht-Wissens, Worte, die zu diesem majestätischen Geschehen nicht passen wollen, Worte, die die Situation ganz plötzlich klein und bedeutungslos machen, Worte, die eine spirituell veraltete und zerfallende Vergangenheit retten wollen, Worte, die noch nicht vom neuen Geist befruchtet wurden, der sich immer durch Mut, Verwegenheit und furchtlosen Glauben verwirklicht... Worte, die Selbstzufriedenheit und einen Mangel an schöpferischer Vorstellungskraft verraten.

»Es ist gut, daß wir hier sind«, sagt Petrus. Aber es gibt kein ›Gut‹ außer Gott. Wo das Bewußtsein mit großen spirituellen Erfahrungen konfrontiert ist, ist nur Gott wichtig, nicht das ›Gute‹. Gott und Geist sind erfahrbare Tatsachen, das aber gilt nicht für das traditionelle ›Gute‹, das die Menschen als Sittlichkeit bezeichnen und dem sie immer mehr Tabernakel bauen. Sie erfüllen das ›Gute‹ und ›fühlen sich gut‹, nur um den göttlichen Samen durch Frömmigkeit und Nicht-Wissen zu ersticken. In Wirklichkeit aber mußte das schöpferische elektrische Wasser des Duranos, des Himmels, die Wohnstätte Gottes, des Vaters, *Unseres* Vaters geschaut, verstanden und assimiliert werden. Wenn wir diese schöpferischen Energien, das Lebendige Brot des Christseins oder der göttlichen Sohnschaft assimilieren, sind wir imstande, unseren ›Körper der Unsterblichkeit‹, den Christuskörper aufzubauen, jene voll ausgewachsene Pflanze, die aus dem göttlichen Samen emporgeschossen ist. Wenn wir es nicht tun, so wird der Wein (das Blut Christi) zu einer Kraft selbstzerstörerischer Trunkenheit, die trügerische Formen und große Phantasmagorien erweckt, und das Lebendige Brot der göttlichen Gnade (die eigentliche Substanz der Liebe Christi) versäuert in der Seele in Geschwüren aus Zweifeln und Angst.

Uranus ist die schöpferische Kraft des universellen Geistes. Wem das saturnische Ego des Reisenden auf dem Erleuchteten Weg begegnet, so wird diese Kraft zu Nahrung für die Seele und das Wachstum des göttlichen Samens in ihr... und das Ergebnis davon ist der aus Neptun gebildete Christuskörper, das Fahrzeug der unsterblichen Essenz des Menschen. Wenn das Herabfließen des uranischen Geistes in Angst und Mattigkeit empfangen wird, zerstreut es sich und zerfällt in die neptunische Wolke, in der spirituelle Werte verlorengehen und der göttliche Same sich auflöst. Damit ist klar, worum es geht: Neptun kann entweder positiv oder negativ sein. Er kann das konkrete und organische Wachstum der Göttlichkeit des Menschen nähren oder es wie eine starke Säure voll und ganz auflösen. Das bestimmende Element ist dabei die innere Haltung des Individuums gegenüber der uranischen Kreativität. Wenn ein Mensch das Geheimnis und die spirituelle Verantwortlichkeit schöpferischer Handlungen, die im Namen des Geistes vollzogen werden, akzeptiert, so wird er in Neptun eine Quelle göttlichen Überflusses finden. Wenn er jedoch in seinem Zugang zur Kreativität versagt oder sie zurückweist, wird Neptun ihn in eine zerstörerische oder betäubende Wolke einhüllen und schließlich in einen plutonischen Tod führen.

Was das heute für das Individuum bedeutet, läßt sich an der Art und Weise erkennen, in der ein ähnlicher Typus kollektiver allmenschlicher Konfrontation in der modernen Gesellschaft Geschichte macht. Auf dieser kollektiven gesellschaftlich-kulturellen Ebene hat sich das Hereinströmen des Uranischen als die intellektuelle und technische Revolution der letzten zweihundert Jahre ausgedrückt. Neue Formen der Verbrennung, die Freisetzung elektrischer und jetzt auch der Atomenergie, sowie alle Arten von gesellschaftlichen Reizen haben die Menschheit gezwungen, sich mit einem ungeheuren Potential schöpferischer Handlung auseinanderzusetzen. Es gibt fast nichts, was der Mensch auf der Erde nicht bauen oder umwandeln könnte, es gibt kein allgemeines Hindernis, das eine gemeinsame menschliche schöpferische Anstrengung nicht entfernen oder konstruktiv nützen könnte. Das Potential der uranischen Umwandlung der menschlichen Gesellschaft ist ungeheuer und glorreich.

Und was hat die Menschheit damit getan? Die herrschende Klasse wurde von Macht trunken, ihr saturnischer Nationalismus und Imperialismus hat aus der Erde ein Schlachtfeld und einen Ort des Hungers gemacht, das fanatische Festhalten an alten Religionen oder neuen Ideologien haben überall Haßgefühle und geistige Verwirrung erzeugt, die Menschheit hat sich in einer neptunischen Wolke verloren... und was sie einatmet, ist durch Smog oder eine ungeheure Vielzahl von Chemikalien vergiftet, die alle die Signatur des Neptun, den Glanz des Neptun tragen.

Warum? Weil die moderne Gesellschaft als kollektive Entität nicht die Vorstellungskraft und den Mut gehabt hat, eine neue Welt zu erschaffen, weil die veralteten saturnischen Strukturen der Vergangenheit fast jegliches neue spirituelle Wachstum erstickt haben, weil die Uranuskraft, die während der revolutionären Epoche vor fast zweihundert Jahren von Geistern abgedrängt wurde, die die Glorie einer radikal veränderten Gesellschaft fürchteten und Feudalismus und Privilegien von den Höfen auf den Marktplatz verlegten; weil die uranische Kraft, sich das ›reichlichere Leben‹ zu schaffen, das einst von Christus versprochen wurde, durch die (falschen) Aufklärer des 18. Jahrhunderts auf der Ebene des Intellekts und eines unschöpferischen und nun verbalen Egalitarismus gebremst wurde.

Die neptunische Epoche, die während des 19. Jahrhunderts folgte, hat tatsächlich die Substanz unserer modernen Gesellschaft erschaffen ... ihre Maschinen, ihre Industrien, ihren Handel, ihre Reisen, aber sie hat sie auf den intellektuellen Grundlagen des wissenschaftlichen Materialismus aufgebaut. Sie hat auf geistiger Knappheit und der Kraft aufgebaut, die in die Überbleibsel des alten Feudalismus investiert wurde, um das überfließende Leben unter dem Mantel eines rücksichtslosen Individualismus in die Ecke zu drängen. Neptun ist der verschwenderische Konstrukteur kollektiver Substanz, seine Fortpflanzungskraft ist ungeheuer, aber sie kann nur entsprechend der menschlichen Haltung zur uranischen Kreativität erschaffen. Wenn diese Haltung eine Haltung des Widerstandes gegen das unvertraute Neue ist, eine Haltung der Angst von der Offenbarung der Glorie, eine Haltung schlaffen Rückzuges in die saturnischen Muschelschalen gesellschaftlicher Sicherheit und Privilegien, dann führt die saturnische Wachstumskraft zum sinnlosen Emporschießen von hektischen Städten, zu Filmen, die von oberflächlichem Glanz und Glorienschein berühmter Schauspieler besessen sind, zu Radionachrichten, in denen es von Morden nur so wimmelt, zu halluzinogenen Drogen ... und schließlich zu den weitverbreiteten Krebserkrankungen, die auf unorganisches Leben und unnatürliche Gewohnheiten physischer oder psychischer Ernährung zurückzuführen sind.

Dennoch ist Neptun in seinem positiven Sein die *Stofflichkeit des Geistes*. Neptun ist die Substanz des schöpferischen Raumes, das Astrale Licht, der Ozean des spirituellen Klanges, die umhüllenden Wellen göttlicher Gnade, die allumfassende Nächstenliebe der Mitfühlenden. Er ist die göttliche Substanz, die das ernährt, was der uranische Geist zu schöpferischem Sein erweckt hat. Er ist die Eucharistie, das Brot und der Wein, die immerwährendes Leben vermitteln... für jene jedenfalls, die in ihrer Seele den göttlichen Samen erfahren haben und nicht in Furcht vor der Glorie und Verantwortung zurückgewichen sind. Auf jeder Ebene ist Neptun die heilende und erhaltende Kraft der Ganzheit des Ganzen.

Im physischen Körper ist diese Kraft die Quelle, von der die Antikörper, die weißen Blutkörperchen und spezielle Hormone oder Enzyme stammen, die durch das Blut ausgesandt werden, um jeden Teil des Organismus zu heilen und zu reinigen, der erschöpft oder verletzt ist. Auf der Ebene des großen spirituellen Organismus, der als ›Mensch‹ bezeichnet werden kann, ist diese neptunische Kraft ›Gnade‹ (Charis)... Gnade, die zu jeder Seele kommt, die ihre Teilnahme an den ›Werken des Geistes‹ erkannt und akzeptiert hat wie auch ihre Verbundenheit mit allem, was vom Geist ist und im mystischen Christus aufgeht.

Einem Menschen, der innerhalb der Strukturen seines Egos begrenzt und gebunden ist, antwortet das Universum als Ganzes im Sinne von Karma: dem mosaischen Gesetz genauer Kompensation. Aber dem Menschen, dessen Seele ein heiliger Schrein des Lebendigen Gottes geworden ist, dessen Selbst der Möglichkeit nach das ganze Universum in sich befaßt, dessen Geist die Versöhnung aller Gegensätze formuliert und nichts außerhalb seiner allumfassenden, multidimensionalen Logik läßt... einem solchen Menschen antwortet Gott mit der Gnade. Auch wenn seine Vergangenheit von kollektiven Hindernissen und schmerzhaften Erinnerungen an seine individuelle Vergangenheit übersät ist,

ist er sicher... er hat die einzig wertvolle Sicherheit, jene Sicherheit, die daraus stammt, daß man das Ganze an einem einzigen Punkt aktiv ausdrückt... und dieser Punkt ist das eigene unsterbliche Selbst.

Dieser Glaube an die Gnade ist die neptunische Folge einer mutig bestandenen und integrierten Konfrontation mit Uranus und seinen schöpferischen Transfigurationen. Die beiden Elemente können nicht getrennt werden, und beide sind Ausdrucksformen einer bis zum äußersten veränderten bewußten Beziehung zum Geist und zu Gott, seiner kosmischen Quelle. Geist ist das ›universelle Schöpferische‹ nicht in dem Sinne, daß es Welten und physische Organismen aufbaut, sondern weil es jene unablässige, harmonische Bewegung ist, die sich unaufhörlich ausbreitet und all das freisetzt, was zur Harmonisierung einer jeden Störung im Gleichgewicht des universellen Ganzen notwendig ist. Der Geist ›schafft‹ Lösungen für jedes Bedürfnis... einschließlich jener ungeheuren Lösung für das Chaos, das wir als ein Universum oder Sonnensystem verstehen. Jede menschliche Geburt kann man als Freisetzung eines individuellen *logos* (oder Schicksalsmusters) betrachten, durch die die Vergangenheit eines unsterblichen Selbst durch die Möglichkeit einer siegreichen Zukunft harmonisiert und balanciert werden kann, und demnach ist jede Geburt eine Lösung, die vom Geist angeboten wird. Jedes Geburtshoroskop ist ein Plan zur Regeneration einer individuellen Geistesschöpfung, ein *logos*, der vom Vater ausgeschickt wurde, um einen Teil der Menschheit zu ›retten‹.

Wer eine solche Haltung nicht mehr intellektuell, sondern mit seinem ganzen Sein einnimmt, wird die uranische Offenbarung seines eigenen göttlichen Ebenbildes auf dem inneren ›Berg der Verklärung‹ als Erfüllung seiner weitest gespannten Erwartungen erfahren. Und in dieser Erfahrung kann er schließlich mit äußerster Klarheit das Wirken des schöpferischen Geistes hinter und durch den Kern seines Selbstseins erkennen. Er sieht sein göttliches Selbst (Christus) hindurchstrahlen, weil es sich nun endlich in ihm verkörpert hat und sein Ego zur Seele gemacht hat... den Jesus in ihm. Er sieht das Herabströmen der Gnade nicht wie Petrus, der spirituelle Erfahrungen auf eine saturnische Ebene reduziert, sondern als ›Sohn des Donners‹, als Johannes der Lieblingsjünger, der die Kraft der Identifikation aus höchster Liebe bezieht. Denn das Leuchten, das das ganze Wissen des verklärten Jesus umhüllte, war in der Tat die Substanz der Gnade. Gnade kommt, um die Seele zu durchdringen, die das Gefühl individuellen Mangels hinter sich läßt, das in der Natur des Ego liegt. Als Ego weiß der Mensch sich *getrennt* vom spirituellen Ganzen, als Seele erlebt er sich *als Teil* dieses spirituellen Ganzen. In und durch diese Erfahrung verschmilzt er wirklich und bewußt mit der Lebenskraft des Ganzen. Er nimmt am ›Blut‹ des Ganzen teil, an der schöpferischen Substanz des Geistes, dem mystischen Wein und Brot. Er nimmt an der göttlichen Eucharistie teil, dem vollkommenen Geschenk der Gnade, wie auch die Körperzelle an den Vitalstoffen und heilsamen chemischen Verbindungen des immerzu fließenden Blutes teilnimmt, durch das sie lebt und ihr Sein bezieht.

Das ist ein reicheres Leben, das Leben in Gnade, ein Leben, aus dem das nagende Gefühl der Frustration und des Mangels wie auch das Bedauern und die Schuldgefühle, die aus der Fesselung ans Ego, der Unerfülltheit durch das Ego und der durch das Ego erzeugten Tragödien entstehen. Dieses Leben ist nun erfüllt von der Gegenwart eines sich entfalteten Gottessamens in der Seele und mit dem Herabströmen der Gnade, die diese Entfaltung herbeiruft, weil sie sie braucht. Es ist auch ein Leben der Nächstenliebe, denn Nächstenliebe ist die einzige wirkliche Möglichkeit des Menschen, auf die charismische Gabe des Geistes, die Gnade zu antworten. *Glaube* an die schöpferische Kraft des Geistes, *Hoffnung*, daß die Verklärung kommen wird und uns hellwach antreffen wird, um diese ›Ehe zwischen Himmel und Erde‹ zu schauen, und schließlich das größte von allen, *Nächstenliebe* für Menschen allüberall ... im Namen des Geistes.

Wirkliche Nächstenliebe *(agape)* kann auf der Ebene von noch immer egogebundenen Männern und Frauen nur das Ausströmen dessen sein, was der Reisende auf dem Erleuchteten Weg als Gnade empfangen hat. Wer von Gnade überflutet worden ist, muß Nächstenliebe geben, vollkommene Liebe, wenn er in seiner Seele noch größeren spirituellen Reichtum empfangen will. Aber diese Nächstenliebe kann dem Geist nur dann treu sein, wenn sie tatsächlich *von* dem göttlichen Geist kommt, auch wenn sie *durch* einen individuellen Menschen freigesetzt wird. Wirkliche Nächstenliebe zu üben bedeutet zuallererst, sich als Vermittler des Geistes zu erfahren, als einen Brennpunkt des göttlichen Ganzen. Nächstenliebe kommt nicht vom Ego, sondern von Gott und wird durch ein Ego weitergegeben, das sich zur Seele verwandelt hat. Wenn die Seele vor Gnade überfließt, dann kann der ganze Organismus des geisterleuchteten Menschen ebenfalls Nächstenliebe ausstrahlen. Die Geschenke einer privilegierten Nation, die über irdische Güter verfügt und von Egozentrik und kollektiver Selbstzufriedenheit geprägt ist, kann bitter sein für die Völker, die von einer Katastrophe verwüstet werden, für die das Ganze der Menschheit verantwortlich ist.

Genau zu der Zeit, als die Existenz Neptuns sich den westlichen Menschen offenbarte, begann die Gesellschaft im größeren Maßstab auf den Ruf nach Gnade und Humanität zu reagieren, und selbst der egozentrischste ›Wirtschaftsbaron‹ hat es seither für notwendig befunden, den Opfern des Systems, das ihn auf den Thron gehoben hat, wenigstens den gesellschaftlichen Schein von Nächstenliebe zukommen zu lassen. In gleicher Weise hat es der Kongreß der Vereinigten Staaten seit dem letzten Krieg für notwendig befunden, viele irdische Gaben zu verteilen, um seine ideologischen Grenzen und das System zu schützen, das ihm seine Macht verleiht. Wie hätte man überhaupt über diese Dinge nachdenken können, wenn nicht als neptunische Reflexionen auf den aufgewühlten Wassern einer westlichen Gesellschaft, die über die Gnade ebensowenig weiß, wie sie die Verklärung in ihren Individuen erfährt! Und wie wenige gibt es, die wie Petrus imstande sind, wenn auch voller Angst, die Stimme Gottes zu ertragen... sie verschwinden in dieser neptunischen Wolke, die von Glanz, Illusionen und Trugbildern spiritueller Wirklichkeit erfüllt ist. Alles was man in Palästen oder in sauberen, gut ausgestatteten Bungalows hören kann, ist das Geräusch der Atomspaltung... die Stimme des Uraniums, die Worte des Todes und des Schreckens pfeift.

Ist dies der Heroldsklang der Wiederkunft Christi? Soll die Christuswirklichkeit in unserer gequälten und geistig zerrütteten Welt der immer größeren und besseren Egos geboren werden? Soll wirklich neptunisches Mitgefühl diese lärmenden Egos heilen, um vielleicht bald darauf in einer weltweiten Krise in sich zusammenzubrechen? Wird der winterliche Schnee dann mit weißem Frieden die zerstörte irdische Hülle von Millionen von Männern, Frauen und Kindern bedecken... in Vorbereitung auf einen neuen Frühling?

Die Antwort liegt in den Samen, die inmitten des herbstlichen Zerfalls im Boden liegen... sie sind inmitten der Verwesung, und dennoch verwesen sie selbst nicht. Die Antwort liegt bei Individuen, deren Glaube sie zu Reisenden auf dem Erleuchteten Weg und dadurch auch zu Teilhabern an der göttlichen Gnade gemacht hat, damit sich der göttliche Same langsam (oh so langsam) in ihrer Seele entfaltet. Neue gesellschaftliche Lösungen, neue religiöse Organisationen, neue politische Integrationen werden ohne Zweifel aus diesem gegenwärtigen Tod des Alten hervorgehen. Und dennoch können sie nur mit der Vision und Kraft erhalten und genährt werden, die ihnen durch die konkrete Arbeit von Individuen verliehen werden kann. Die Menschheit kann eine erleuchtete oder sehr düstere Zukunft haben. Und das wird davon abhängen, ob genügend Männer und Frauen die emotionale Stabilität, den Mut, die Wachsamkeit, die unermüdliche Kraft und den klaren Verstand gehabt haben, der notwendig ist, um in ihrem inneren Leben die Konfrontationen mit Uranus und Neptun positiv zu bestehen.

Neunte Phase:
Das Plutostadium . . .
das Tor zur Unsterblichkeit

Jedes Individuum auf dem Erleuchteten Weg muß die Erfahrung des Todes machen; aber ein Mensch, der die Stadien der uranischen Transfiguration und neptunischen Transsubstanziation des Selbst mit Erfolg durchlaufen hat, ist bereit, der Erfahrung des Todes auf eine Weise zu begegnen, die für die normale Person, die noch immer durch die Kraft des Egos und die Energien der irdischen Natur kontrolliert wird, unmöglich ist. Er begegnet dem Tod in *bewußter* Weise.

In vollem und klarem Bewußtsein zu sterben, während des Sterbens das Verlassen der biopsychischen Strukturen, die bis dahin die Erfahrung des Lebens bestimmt hatten, objektiv wahrzunehmen, überlegt und willentlich in das einzutreten, was anderen menschlichen Wesen zumindest als zeitweilige Dunkelheit und Verlust der Identität erscheint, das sind die Möglichkeiten, denen große Okkultisten und Weise das Gewicht ihres Zeugnisses gegeben haben. Wenn diese Möglichkeiten in einem wirklich philosophischen Bezugsrahmen, der nicht von Ängsten, Illusionen oder dogmatischen Vorurteilen belastet ist, klar definiert werden, so können sie wohl kaum phantastisch oder unsinnig erscheinen. Sie werden zur logischen Notwendigkeit der menschlichen Evolution, und werden dann schließlich auch von Individuen, die sich auf sie vorbereitet haben, als wirkliche Tatsachen erlebt. Der Tod braucht keinen Schrekken für einen Menschen zu haben, der die Natur und das Wesen des Ego, seine Bildung und seinen Zweck versteht. Was einen Anfang hat, muß notwendigerweise auch ein Ende haben, jedenfalls in einem Universum, in dem alle Bewegungen zyklisch sind. Aber niemand braucht sein Wesen mit irgendeinem bestimmten Beginn zu identifizieren, und demnach braucht auch niemand seine Identität durch das entsprechende Ende zu verlieren.

Das Verständnis des Todes beinhaltet ein entsprechendes Verständnis der Geburt. Wenn jemand weiß, wie und warum etwas beginnt, so weiß er auch, wie und warum es zu Ende geht. Und mit diesem Wissen kann er das Ende in einen neuen und größeren Anfang verwandeln. Das ist das Geheimnis der ›persönlichen Unsterblichkeit‹. Aber der Tod ist kein einfaches und einzelnes Ereignis, und zwar deshalb, weil der bewußte und individualisierte Mensch nicht nur ein Ding ist. Die Bildung seines Egos ist ein Prozeß, der sich von der Entstehung seines physischen Organismus unterscheidet. Und überall, wo Entitäten einen verschiedenen Anfang haben, müssen sie auch ein verschiedenes Ende haben. Und ›Ende‹ braucht nicht Vernichtung oder endgültiges Aufhören zu bedeuten, es kann Übergang und Neuorganisation beinhalten.

In der Welt der Energien, die bei weitem die ›wirklichere‹ Welt ist, ist ein physischer Organismus das Wirkungsfeld verschiedener Arten von elektromagnetischen (und anderen) Energien, die sich für besondere organische Zwecke voneinander unterscheiden. Die verschiedenen Systeme des Körpers (Blutzirkulation, Nerven, Muskeln, Verdauungsapparat, endokrine Drüsen usw.) hängen von der Interaktion dieser Energien ab, um gesund zu funktionieren. Energien selbst sind differenzierte Manifestationen dessen, was wir mangels eines besseren Wortes als Lebenskraft bezeichnen könnten. Während der Befruchtung und Embryonalentwicklung nehmen sie ihre besonderen Merkmale an, indem sie die Zell- und Organsubstanz mit Energie laden und integrieren, die dem wachsenden Embryo im Mutterschoß zur Verfügung stehen.

Nachdem der Körper vollständig gestaltet ist und seine volle Reife erreicht hat, beginnen diese Energien langsam ein wenig von ihrer Intensität und ihrer inneren Spannung zu verlieren, während sich verschiedene Arten von Toxinen in den Zellen ablagern. Sie geben tendenziell ihre differenzierten Merkmale auf und werden zu unklaren Rhythmen. Am Ende kehren sie zum undifferenzierten Charakter der Lebenskraft zurück, und das ist dann der Tod des Körpers. Die universelle homogene Lebenskraft hat die differenzierten heterogenen Energien zurückgewonnen, die in den verschiedenen funktionalen Systemen des Organismus wirkten. All die vielen verschiedenen Energien sind in die ungeheure Einheit der ozeanischen Lebenskraft zurückgekehrt. Unter dem Druck dieser Lebenskraft ist der Körper zerfallen, der all diese Energien beseelt und zur Wirkung hatte kommen lassen.

So ist es das universelle Leben, das die getrennten lebenden Organismen zerstört. Das ist kein schwieriges Paradox, wenn man beispielsweise die Fische im Ozean betrachtet: Sie sind im Grunde nur eine Tasche von verwandeltem Seewasser, das durch Haut und Muskeln vom Ozean getrennt ist. Aber wenn sie sterben, kehrt das besondere Meerwasser im Inneren zum großen Meer zurück, und die Gewebe des Fleisches und der Haut zersetzt sich ebenfalls in dieser Meeressubstanz. In gleicher Weise ist der Körper des Menschen abgeänderte Erdsubstanz (einschließlich Wasser und Luft), und beim Tod verwest diese Substanz in der Erde. Aber die Energien, die den Körper beseelt hatten, kehren zum elektromagnetischen Ozean der einen Lebenskraft zurück, die unseren ganzen Planeten und wahrscheinlich auch das gesamte Feld seiner Umlaufbahn durchzieht.

Ein ähnlicher Prozeß wirkt im Falle des Ego, das ein Gebilde aus psychischen und geistigen Elementen ist, das sich durch die Entwicklungsjahre im Leben der Persönlichkeit ausdifferenziert hat. Diese psychomentalen Elemente kommen nicht von nirgendwoher. Sie sind die Ergebnisse der Gattungsevolution der Menschheit sowie der kollektiven Ernte von Gefühlsbildern, Bedeutungen, Begriffen, Idealen und Zwekken, die durch eine Gesellschaft, eine Kultur und eine Gemeinschaft erzeugt worden sind. Dieses kollektive psychomentale Meer menschlicher Werte ist nicht nur eine riesige Ansammlung von Bildern und Ideen, sondern vielmehr ein ungeheures Reservoir von Energie... menschliche Energie in einem kollektiven, unindividualisierten Zustand, psychisch mentale Energie. Eine individuelle Person schöpft aus diesem Reservoir, um seinem Ego, das sich langsam bildet und ausdifferenziert, Stoff und Substanz zu verleihen. Das individualisierte Bewußtsein, das der Erkenntnis ›ich bin diese konkrete Person‹ Gestalt und Substanz verleiht, entsteht nach und nach aus dem sich kollektiv entwikkelnden Bewußtsein der Menschheit als Ganzem.

Mit der Zeit führt der Tod zu dem letztendlichen Sieg des kollektiven Bewußtseins über das bewußte Ego (das von diesem kollektiven Bewußtsein wieder aufgesogen wird)... *es sei denn*, das Ego konnte sich als Feld für die Herabkunft und die Individualisierung der spirituellen Essenz (seinem Stern) vorbereiten und auf diese Weise in einen umfassenderen Seinszyklus übergehen, *es sei denn*, der Mensch hat die Verklärung, die ›göttliche Ehe vom Himmel und Erde‹ in seiner Persönlichkeit erfahren.

Aber diese Alternativen tauchen nicht erst zur Zeit des physischen Todes auf. Sie zeichnen sich nach und nach bereits während der letzten Jahre und selbst Jahrzehnte ab. Wir sehen, wie die individuelle Durchschnittsperson unserer Zeit und Gesellschaft nach ihrer Reife Schritt für Schritt die expansive Aggressivität ihres Ego und die Schärfe ihrer Abgrenzung von den anderen Menschen verliert. Vor allem nach vierzig behauptet sich die kollektive Kraft der Rasse, Tradition und Kultur in den meisten Fällen immer stärker und unterwirft die rebellische Haltung, aber auch die etablierten Züge des egozentrischen Individuums.

Das kann eine *Vertiefung* des Selbst durch die Assimilation von gemeinsamen Werten und Energien mit sich bringen, die der Mensch in der Hitze seines jugendlichen Strebens nach Individualisierung und Originalität zurückgewiesen hatte, oder denen er nicht genügend bewußte Aufmerksamkeit und persönliche Bedeutsamkeit verliehen hatte. Es kann aber auch bedeuten, daß die individualisierte Haltung, die aus persönlichen Erfahrungen und inneren Erkenntnissen besteht, dem kollektiven Meer der Vergangenheit *unterworfen* wird. In den meisten Fällen ist es viel mehr eine zunehmende Unterwerfung unter kollektive Werte als eine bewußte ›Assimilation‹ dieser Werte. Und der Tod drückt lediglich das letzte Siegel auf diesen Prozeß. Gesellschaft, Zivilisation und Menschheit überwinden das individuelle Ego, das danach nur noch eine Erinnerung bleibt (vielleicht eine sehr starke), ein verborgener Brennpunkt der zukünftigen Kristallisation im kollektiven Unbewußten; oder ein Schatten früherer Größe, der allerdings manchmal sehr gesprächig ist und seine Muster mit Hilfe fremder Energiefelder noch einmal zum Leben erweckt, um eine fiktive Persönlichkeit herzuzeigen!

Aber das ist nicht das absolut unausweichliche Ende des Individualisierungsprozesses der Egobildung in der Lebensspanne einer menschlichen Persönlichkeit. Wenn diese Persönlichkeit klare und deutliche Egostrukturen durch gesellschaftlich bedeutsames und persönlich schöpferisches Verhalten und Denken entwickelt hat, so können diese Strukturen zum Brennpunkt für die Verkörperung des Sternenselbst (die Saturnphase des Erleuchteten Weges) werden... und wenn dies stattfindet, so kann die Kraft dieser Verkörperung den unausweichlichen Sog in den psychischen und mentalen Ozean der kollektiven Menschheit überwinden. Das verklärte Ego, das von neptunischer geistiger Substanz erfüllt ist (das ›lebendige Brot, das vom Himmel niederkommt‹), kann der Rückkehr der Energien und chemischen Stoffe des Körpers zur universellen Natur widerstehen. Es entzieht sich dem Wirbel der Zerfallskräfte und bleibt ein Brennpunkt individuellen Bewußtseins, das nun dem Zweck des größeren Selbst, nämlich Gottes in der einzelnen Person dient. Was versteht man unter ›persönlicher Unsterblichkeit‹, die in unserer Kultur durch den auferstandenen Christus dargestellt wird, der sein glorreiches unsterbliches Sein in und durch einen ›Körper des Lichts‹, den auferstandenen Körper Christi, zeigen kann? Die östlichen Okkultisten kennen ihn als den Nirmanakayakörper des vollkommenen Adepten.

Dieser Zustand von Bewußtsein und Sein kann dann wenigstens annähernd verstanden werden, wenn man sich vorstellt, was einem Menschen geschieht, der in Schlaf fällt und dennoch das volle Bewußtsein seiner individuellen Identität behält und fähig ist, in einem transsubstanzialen Reich der Aktivität jenseits oder ›durch‹ das Physische hindurch zu wirken. Einschlafen bedeutet tatsächlich für alle praktischen Zwecke persönlicher Existenz einen zeitweiligen Tod als bewußtes Ego, das sich und die äußere Welt wahrnimmt. Zum Schlaf kommt es, wenn die differenzierten und individualisierten Elemente der ganzen Persönlichkeit (Körper und Psyche) durch den Druck der kollektiven und gattungsbestimmten Elemente der menschlichen Natur überwunden werden. Symbolisch gesprochen drückt das ›Meer‹ so stark auf den ›Fisch‹, daß die Membranen, die die Organe des Fisches vom Meer trennen, für kurze Zeit zusammenbrechen, und ein Zustand unterbrochener Beseeltheit entsteht, den wir als Schlaf bezeichnen.

Während dieser Zeit unterbrochener Beseeltheit gewinnt die individualisierende Energie des Organismus wieder ihre Kraft zurück, die Kraft, um ein weiteres Mal den umfassenden Druck des undifferenzierten Meeres, also der Lebenskraft zu widerstehen, in der wir leben und unser abgetrenntes Sein haben. Im Schlaf ist das ›Individuum‹ also gezwungen, zeitweilig dem ›Gattungssein‹ zu dienen und von ihm absorbiert zu werden. Die menschliche Natur wirkt in und durch das schlafende Individuum, ohne daß es imstande ist, ihren Rhythmen und Befehlen Widerstand zu leisten. Der verlorene Sohn ist nach Hause gekommen und wird nun wieder zum Teil des Kollektivs, der Familie.

Eine andere leicht verständliche Illustration ist das, was während des Winters in den Bäumen vor sich geht. Die lebendigen Flüssigkeiten der Bäume ziehen sich gewissermaßen in die Wurzeln zurück, der Saft überwintert im großen Schoß des Bodens, aus dem es zuvor unter der individualisierenden und wachstumsbildenden Kraft des Frühlings entstanden war. In gleicher Weise zieht sich das Ich-Bewußtsein der individuellen Person während des Schlafes in seine ›Wurzeln‹ zurück: den allumfassenden Schoß des *gattungsbestimmten* Unbewußten (das heißt der menschlichen Natur) und des *kollektiven* Unbewußten (der kollektiven Vergangenheit und Tradition von Kultur, Religion, Nation usw. eines Individuums).

Das Ego ist gezwungen, sich zurückzuziehen, es kann seine individualisierten abgetrennten Rhythmen nicht gegen den unablässigen Druck des Kollektiven aufrechterhalten. Es muß sein Bewußtsein und seine Aktivität in einer äußeren Welt aufgeben, bis es die Kraft wiedergewinnt, sich als abgetrennte individuelle Entität zu behaupten, die über einen wachen Körper verfügt.

Aus diesem Grunde strebt ein Hinduyogi, dessen intensive Willenskämpfe auf die volle Individualisation des Bewußtseins und die Aufrechterhaltung der Individualität durch und jenseits des Todes abzielen, mit aller Kraft danach, den Schlaf und das Bedürfnis nach Schlaf zu überwinden. Er lehnt es ab, jeden Tag als Individuum in das kollektive Sein der Menschheit und seiner

Kultur hinwegzusterben, und er versucht, für sein Selbst ein dauerhaftes Fahrzeug des Bewußtseins (eine unsterbliche Organisation psychomentaler Energien) zu bilden, die der Tod des physischen Organismus nicht zertrümmern oder zersetzen kann.

Der Durchschnittsmensch unserer gegenwärtigen Gesellschaft stirbt jede Nacht als Individuum, er läßt zu, daß die menschliche Natur und die kollektiven Energien seiner Gemeinschaft die Kontrolle über sein physisches und psychisches Handlungsinstrumentarium übernehmen. Diese Kontrolle des kollektiven Unbewußten über die Mechanismen des Bewußtseins manifestiert sich oft in den Träumen. Die Stimme der kollektiven Weisheit der Mutterrasse und Mutterkultur spricht in der üblicherweise verwirrten Sprache der Traumbilder zu dem streunenden Kindego, das auf zu exzentrische, differenzierte und gefährliche Weise seine Einzigartigkeit und Originalität als Individuum durchgesetzt hat. Es ist eine normative Stimme, die die Abnormitäten zu kompensieren sucht, die eine individualisierte menschliche Existenz vor allem in unserer künstlichen verstädterten Umgebung mit sich bringt. Es ist die Stimme der ›Wurzeln‹ menschlicher Existenz, eine konservative Kraft, die nicht die neuen Wege der Evolution betont, sondern vielmehr die alte Weisheit kollektiver Erfahrung, den sicheren Pfad lang geprüfter Tradition und heilsamen Lebens.

Dieser ›Abstieg zu den Wurzeln‹ der Menschheit, der nach all den Geschäftigkeiten eines Tages und endgültiger am Ende eines Lebenszyklus in einem irdischen Körper vollzogen wird, findet seinen Ausdruck in der astrologischen Symbolik des Pluto. Deshalb wurde Pluto mit der Vorstellung des Todes assoziiert, und in gleicher Weise hätte man ihn auch mit dem Vorgang des Einschlafens verbinden sollen. Pluto sollte tatsächlich als die Kraft verstanden werden, die alle einzelnen Individualisationen (Egos, nationale Gebilde, bestimmte Kulturen usw.) dazu zwingt, zu ihren kollektiven Wurzeln oder Seinsgrundlagen zurückzukehren.

Aber diese Rückkehr zu den Wurzeln ist zwar am Ende eines jeden Zyklus individualisierter Existenz unausweichlich, kann aber auf zweierlei Weise vollzogen werden. Es kann ein bewußtloser und zwanghafter Zusammenbruch und ein mehr oder weniger endgültiger Zerfall all dessen sein, was individuelle Form und differenziertes Bewußtsein erlangt hat... es kann in manchen seltenen Fällen aber auch eine bewußte und überlegte Ablehnung oder Befreiung von einer bestimmten Schicht kollektiver Existenz sein, aus der das Individuum einmal emporgetaucht war, und an das er nun nicht mehr gebunden zu sein braucht.

Im ersten Falle ist der Tod tatsächlich das Ende eines Zyklus von individueller persönlicher Existenz. Was von diesem Zyklus übrigbleibt, ist einerseits eine spirituelle Ernte (die Saatessenz von wirklich assimilierten individuellen Erfahrungen mit spirituellem Wert) und der ›Mist‹ aller durch und durch materialistischen Neigungen und Impulse einerseits; auf der anderen Seite aber gibt es den mehr oder weniger dauerhaften Eindruck der Handlungen, Gedanken, Gefühle und spirituellen Strahlung einer Person im kollektiven Gedächtnis all jener, die ihn liebten, sich von ihm berührt, inspiriert oder stimuliert fühlten... oder selbst gezwungen, ihn unvergeßlich zu hassen!

Im zweiten Fall bedeutet ein Tod, der in vollem Bewußtsein auf dem Erleuchteten Weg erfahren wird, Freiheit von der Fesselung an Formen und Stoffe, die für den individualisierten Geist und die Reintegration in ein größeres spirituelles Ganzes nicht mehr von Nutzen sind.

Der erste Teil der Alternativen bezieht sich auf das Schicksal der meisten persönlichen Egos, der zweite kann von einem Individuum erfahren werden, das seine Zugehörigkeit auf den Stern, seine himmlische und dauerhafte Identität verlagert hat. Ein solcher Mensch hat ein neues Gefühl bewußter Identität erlebt (Saturn), eine neue Freisetzung spirituell-himmlischer Kraft (Uranus) und die Entwicklung einer neuen Art substanziell-dynamischer Organisation in seinem inneren Sein (Neptun) und ist nun bereit, all das voll und ganz zurückzuweisen und hinter sich zu lassen, was zuvor an der Stelle dieser drei neuen Seinselemente stand: sein altes Selbstgefühl, sein alter Typus erdbestimmter Energien und der irdische Organismus selbst, der physische Körper. Das Individuum, das die symbolische Kreuzigung bewußt und willentlich erfährt, ›stirbt‹ für die normale Gemeinschaft irdischer Menschen wie auch für die Muster, Neigungen, Begehrlichkeiten und Ziele einer zerfallenden Gesellschaft. Ein Beispiel dafür wäre der jüdische Hohepriester, der durch Stammesdogmen gebunden war oder Pilatus, der römische Verwalter, dessen Hände durch politische Opportunität und intellektuelle Verwirrung gebunden waren.

Obwohl die Auferstehung noch folgen wird, ist die Kreuzigung ein plutonisches Ereignis, denn sie beinhaltet auch einen ›Abstieg in die Hölle‹. Das sternenverklärte Individuum muß den kollektiven Übeln der Rasse und Zivilisation, der er einst als kämpfendes Individuum entsprang, *begegnen*, sie *assimilieren* und *segnen*. Denn niemand kann voll und ganz hinter sich lassen, was er nicht bis zu den tiefsten Tiefen erfahren hat... nicht nur in seiner individuellen Natur, sondern auch in der kollektiven Erinnerung der Menschheit. Die ›Hölle‹ ist der Abdruck alles vergangenen menschlichen Übels in der kollektiven Erinnerung des menschlichen Bewußtseins. Und der Hölle zu begegnen und nicht in Schrecken oder Angst zurückzuweichen, das ist der letzte Preis, den man für persönliche Unsterblichkeit zu zahlen hat. Eine solche Konfrontation ist die abschließende Plutoerfahrung.

Die Bedeutung dieser Erfahrung kann man leichter verstehen, wenn man betrachtet, was in diesem Jahrhundert im Bereich der westlichen Zivilisation stattgefunden hat, vor allem seit der Entdeckung Plutos. Der Zyklus der westlichen europäischen Gesellschaft geht zu Ende, die kollektiven ›Ego‹-Strukturen dieser Gesellschaft, die vor ungefähr 1.200 Jahren entstanden, (Kultur, Traditionen, festgefügte Werte) brechen sterbend zusammen. Kann dieser Tod eine Kreuzigung und damit ein Vorspiel für eine Auferstehung sein?

Das ist nur dann möglich, wenn andere menschliche Kollektive die Kraft und das Licht des Geistes, das während der Lebensspanne der europäischen Gesellschaft nur dunkel schien, in ihrem eigenen kollektiven Bewußtsein hell und klar fokussieren können, Kollektive, die aus dem europäischen Zyklus hervorgegangen sind und sich als nationale Entitäten in anderen Ländern etabliert haben. Diese europäische Gesellschaft hat im 18. Jahrhundert eine uranische ›Heimsuchung‹

erlebt, und im 19. Jahrhundert eine neptunische Neuorganisation ihrer Substanz (die industrielle Revolution). Aber was hat sie damit getan? Was haben *wir*, die Vereinigten Staaten, die aus Mutter Europa hervorgegangen sind, mit ihnen getan?

Als nationales Kollektiv sind die Vereinigten Staaten *potentiell* der Auferstandene Körper Europas. Unsere föderalistische Organisation von Staaten, Völkern und Glaubensrichtungen ist *potentiell* der Embryo dieses glorreichen Körpers, den es vielleicht geben kann. Auf symbolische Weise könnten wir in Bezug auf das Europa der Gotik und der Rennaissance das werden, was der Auferstandene Christus in Bezug auf Jesus, den Adepten aus Galiläa war. Wir könnten eine lichtspendende, universalistische, Gott offenbarende Zivilisation werden, die die europäische Kultur Schritt für Schritt überlagert oder absorbiert, die zwar voller Inspiration nach Edlem gestrebt hat, dennoch aber von Konflikten erfüllt und durch alte Stammes- und feudale Muster gefesselt war. Wir könnten... aber um diese glorreiche Zukunft zu leben, müßten wir uns tatsächlich und nicht nur in der Theorie von Europas alten Formen der Knechtschaft wie auch von unseren neuen eigenen Zwängen befreien, und wir müßten uns auch der Konfrontation mit Europas Höllen viel intelligenter und kreativer konfrontieren, als wir es bisher getan haben.

Der progressive Abstieg der europäischen Kultur und Tradition (und älterer Zivilisationen, die vor Europa existierten) kann nur dann Kreuzigung im Sinne Jesu bedeuten, wenn wir Amerikaner zur ›Hölle absteigen‹ können und das kollektive Übel der westlichen Zivilisation bewußt konfrontieren, assimilieren und segnen.

Und wenn das geschehen ist, so werden wir ›am dritten Tage auferstehen‹, und zwar in einem glorreichen Körper, einem geheiligten Feld für eine weltweite Zivilisation, die nicht zu sterben braucht, wie alle anderen Zivilisationen vor uns sterben mußten.

Das ist tatsächlich viel verlangt von ›diesen Vereinigten Staaten‹, denn wie tragisch sind wir in so vielen Fällen gescheitert, der gegebenen Situation gerecht zu werden! Und dennoch ist dies unser mögliches Schicksal, wie es auch das mögliche Schicksal Alexandrias in den beiden Jahrhunderten vor und nach Christi Geburt in Bezug auf die damalige hellenisierte mittelmeerische Gesellschaft war. Immer, wenn ein menschlicher Zyklus zu Ende geht, wird irgend etwas in und aus diesem Zyklus geboren, was in sich die Möglichkeit trägt, zu einem unsterblichen Organismus zu werden, der all das aufsammelt, was in diesem Zyklus spirituell war, und ohne irgendeinen Identitätsbruch die Essenz des Zyklus in ein größeres und universelleres Ganzes verkörpert. Aber es war immer nur die Möglichkeit, denn in den meisten Fällen zerschmettert die plutonische Konfrontation mit dem Schock des Todes und mit dem angesammelten Übel der Vergangenheit das Gefühl persönlicher Identität.

Der Mensch ›fällt‹ in Schlaf, ebenso wie er der Liebe ›verfällt‹ und in die Höllen ›herabfällt‹, die er heraufbeschworen hat. Der Mensch stirbt in seinem Ego, und das Bild des Sternes in seiner Seele ist, wenn überhaupt vorhanden, viel zu schwach, um als pulsierendes Herzzentrum für die tatsächliche Neuintegration des Selbst im Sinne himmlischer Vitalität (Uranus) und göttlicher Substanz (Neptun) zu dienen. Deshalb bedeutet Pluto Tod und den Verlust bewußter Identität. Pluto ist der letzte Prüfer... nicht wie Saturn, dessen Prüfungen sich auf die alltäglichen Konfrontationen einer organischen, egokontrollierten Existenz beziehen, sondern in einem viel tieferen Sinne. Pluto prüft die Fähigkeit eines jeden Individuums, sein Gefühl persönlicher Identität vom Bereich der irdischen Stofflichkeit und biopsychischen Bindungen in den einer ›himmlischen‹ Aktivität überzuführen... und das ist das Reich, wo er sich als Stern in einer Einheit von Sinn und Ziel mit seinen Gefährten in einer symbolischen Konstellation (einer ›spirituellen Bruderschaft‹) wiederfindet.

Pluto bewacht den Weg, der durch den unbewußten Tod oder die bewußte Kreuzigung zu irgendeiner Art von himmlischer Neuintegration führt. Leider ist die furchterregende Art der Konfrontationen, die er als notwendige Bedingungen für die Reintegration in bewußtem Selbstsein heraufbeschwört, so beschaffen, daß nur einige wenige Menschen ihnen ins Auge blikken und gleichzeitig ihr volles individuelles Bewußtsein und ihren Kontakt mit dem Stern behalten können. Wenn man diesen Stern nicht *innerhalb* des eigenen Selbst erfahren hat, können die plutonischen Prüfungen nur Zerfall und unbewußtes Sterben bedeuten, denn während sie andauern, schießt die Finsternis der ›Hölle‹ über den ganzen Himmel und läßt die Sterne verschwinden. Aber wenn die göttliche Gegenwart mit vibrierender Kraft in der Seele verbleibt, auch wenn sie zeitweilig vom alten Übel überschwemmt wird, dann kann diese Gegenwart als Kern des neuen ›Lichtkörpers‹, des himmlischen Körpers, des Christkörpers agieren. Und dann folgt die Auferstehung.

Zehnte Phase:
Der Proserpina-Mythos . . .
Auferstehung und
Himmelfahrt

Alles, was beginnt, muß auch enden, aber es gibt auch ein Ende, das zu Anfangspunkten eines größeren Zyklus wird, und es gibt einen ›Tod‹, der die Ernte des individuellen Selbstseins in das Muster eines mehr als individuellen Lebens kanalisiert. Wer die Verklärung erfahren hat, wer die neptunischen Wogen der Gnade des Geistes in sich aufgenommen hat, für den kann der Tod zu einer Neuorganisation der dynamischen und ideell-spirituellen Elemente seiner erleuchteten Persönlichkeit werden... wenn er die plutonische Prüfung des ›Abstiegs zur Hölle‹ mit Erfolg besteht. Der biostrukturelle Rahmen, den die Vorfahren der jeweiligen Rasse gebildet und mit zwingenden Instinkten und kollektiven Idolen geführt haben, bricht in sich zusammen, das Gewebe der egobeherrschten Psyche verschwindet, und die vielfarbigen Formen und Gestalten der persönlichen Existenz zerstreuen sich wie ein Puzzle, dessen Stücke heftig hin und her geschüttelt werden. Aber von der Substanz des Raumes selbst, von nirgendwoher und überallher läßt sich eine Verdichtung von Kraft und Sinn verspüren, und die zerstreuten Elemente werden zu einem ›Organismus von Licht‹ reintegriert. Der Raum selbst ist nun das Gewebe... eine neue Art von Raum, ein Ausdruck des Sinnes und der Kraft des Geistes. Das Gewebe des Selbst wird vom Stern zu einem ›Gewand der Glorie‹ gewebt, zu einem ›Auferstandenen Körper‹ von Geistsubstanz.

Der Hinduphilosoph spricht von *svarupa*, der konkreten und wirksamen Form des Selbstseins (wobei sva ›Selbst‹ bedeutet), der Buddhist vom *Nirmanakaya*körper, einem Urorganismus, der jenseits oder außerhalb *(nir)* des Prinzips der Egoindividualisierung *(manas)* liegt. Die Evangelien berichten vom geheimnisvollen Erscheinen Christi nach der Kreuzigung und zwar in einem durchaus physischen Körper, der Nahrung aufnehmen und von Thomas' zweifelnder Hand berührt werden konnte, der mit den Pilgern auf dem Weg ganz normal sprechen konnte, andererseits aber auch imstande war, sich plötzlich inmitten eines Raumes zu materialisieren, durch Wände und verschlossene Türen zu schreiten, als ob es offene Räume wären.

Der Anhänger verbeugt sich in staunender Verehrung vor dem einzigartigen und unwiederholbaren Wunder und findet es angenehm und viel leichter, nicht weiterzudenken. Der intellektuelle Gläubige, der Christus als einen Lehrer psychologischer Weisheit oder Ethik braucht, versucht das aus seinen Gedanken zu verbannen, was er mit seinem egostrukturierten Verstand nicht erklären kann. Denn dieser Verstand muß in vollständig getrennten Körpern und deutlich unterschiedenen Begriffen denken. Das ist alles symbolisch, behauptet er, und auch ihm gelingt es nicht, der Herausforderung zu begegnen, die in dieser potentiellen Wahrheit liegt. Denn wenn er sie anerkennen würde, müßte er die Daten seines unsicheren Wissens neu organisieren. Wie könnte jemand die Auferstehung Christi verstehen, wenn er nicht bereit ist, sein eigenes Bewußtsein entsprechend der Möglichkeit seiner eigenen letztendlichen Auferstehung neu zu integrieren? Wie könnte jemand den ›Körper der Glorie‹ begreifen, wenn er nicht die Wirklichkeit des Geistes und die

Möglichkeit erfahren hat, daß der Raum selbst im Sinne der Aktivität des Geistes einen vollkommen neuen Sinn und Charakter gewinnen könnte?

Daß man dem Geist Substanz zuschreiben kann, dürfte das moderne Bewußtsein nicht aus der Fassung bringen, denn wir sind es inzwischen gewohnt, die Transformation von Materie in Energie zu betrachten. Aber der moderne Mensch kann nur zersetzen und desintegrieren, das Wesen der Geistesaktivität aber ist es, zu harmonisieren und zu integrieren, neue konkrete Manifestationen im Sinne eines göttlichen Zieles hervorzubringen, also zu erschaffen.

Diese Aktivität des Geistes findet als Reaktion auf die Bedürfnisse aller einzelner Entitäten, der Menschheit als Ganzes wie auch aller relativ isolierten Egos statt, die sich durch ein Leben voller Mangel und Zwietracht kämpfen. Es ist eine harmonische Reaktion auf jede Disharmonie, eine kompensatorische (also heilende) Aktivität, die aus der absoluten Harmonie hervorquillt, die wir als Gott bezeichnen und deren Manifestation die Menschen als Himmel erleben.

Für die meisten modernen Intellektuellen stellt dieser Himmel die ungeheure Ausdehnung eines Raumes dar, der sich unendlich in alle Dimensionen ausdehnt und in dieser Unendlichkeit die Himmelskörper enthält. Aber bereits die Theorien Einsteins über den Raum widerlegen ein solches Bild, denn der Raum krümmt sich nun und wird durch die Anwesenheit materieller Aggregate, Planeten, Sonnen modifiziert. Die Synthese der Begriffe des Raumes und der Substanz können auf zwei verschiedenen Ebenen noch weitergeführt werden. Wenn man den Raum als den leeren Rahmen betrachtet, innerhalb dessen sich einzelne Objekte bewegen und nebeneinander ausdehnen, so wird dieser Raum durch Materie bestimmt. Es ist ein ›diskreter‹ Raum, Raum als *Ausdehnung*. Raum kann auch als Manifestation der Existenz und Macht Gottes betrachtet werden; dann entsteht er als Ergebnis der Aktivität des Geistes, wobei jeder Akt des Geistes sozusagen seinen eigenen Raum erzeugt. So verstanden, ist Raum ›konkret‹ (was etymologisch ›zusammenwachsend‹ bedeutet). Es ist Raum als *Intention*, nicht als ›Extention‹ oder Ausdehnung.

Wenn der Geist ›intendiert‹, in irgendeinem bestimmten Feld aktiv zu sein, wo es ein Bedürfnis nach seiner Aktivität gibt, so *ist dort Geist*. Die Intention erzeugt den Raum. Der spirituelle Akt muß nicht in einem Raum, der sich zwischen Gegenständen ausdehnt, von einem Ort zum anderen gehen. Der Raum, der vom Akt des Geistes bedeckt wird, kann nur im Sinne der Intention und des Ziels dieses Aktes begriffen werden, nicht aber im Sinne materieller Entfernung. Dieser Raum ist ein Ausdruck oder eine Eigenschaft der sinnvollen Aktivität des Geistes... und im Grunde daher ein Ausdruck göttlicher Intention, göttlichen Willens. Daher sagt Gott in der biblischen Symbolik: »Es werde Licht!« und es wurde Licht. Die moderne Wissenschaft erkennt nun, daß Licht sowohl Energie wie auch Substanz ist. Aber noch mehr: Licht ist in seinem Wesen ein Ausdruck geistigen Raumes, wir können auch sagen, die Verbindung zwischen dem Raum der Geistaktivität und des ausgedehnten Raumes der Welt, die die Menschen durch dieses Licht wahrnehmen.

Das Hauptcharakteristikum des spirituellen Raumes, wie wir ihn verstehen, ist seine ›Ideoplastizität‹. Wenn die Disharmonie einer Krankheit in einer Person vorhanden ist, und wenn die heilende Tätigkeit des Geistes versucht, die gestörte Harmonie neu zu schaffen, so verdichtet der Wille oder die ›Intention‹ der Geistes gewissermaßen den spirituellen Raum an dem Punkt, wo die Disharmonie vorliegt. Der Geist ›ist dort‹, er befindet sich als heilendes Bild von Harmonie genau und konkret an diesem Punkt, um den krankhaften Zustand zu harmonisieren und zu kompensieren. Dieses heilende Bild ist keine bloße Phantasmagorie, sondern sie ist in einem spirituellen Sinne durchaus vorhanden. Es ist die Manifestation des ›konkreten‹ Raumes, in dem alle Akte des Geistes stattfinden. Mehr noch: da dieses heilende Bild als Kompensation und Therapie für den disharmonischen materiellen Zustand gedacht ist, steht es in einer ganz bestimmten Beziehung zu diesem Zustand. In allgemeinem Sinne ist es das positive und strahlende Gegenstück des negativen und verdunkelten Organismus, der geheilt wird. Es verhält sich wie die Seele zum Ego, wie der Auferstandene Körper Christi (und aller wahren Söhne Gottes) zum materiellen Organismus des Adamsmenschen, der an den disharmonischen Zustand der irdischen Natur gebunden ist.

Der Auferstandene Körper Christi war und ist tatsächlich eine heilende Antwort auf die Bedürfnisse der Menschheit. Es ist ein wirksamer und unendlich mächtiger Akt des Geistes, der den Menschen eines neuen Zeitalters die Absichten Gottes für sie und dieses Zeitalters offenbaren will. Er ist ein Akt des Geistes, der sich ideoplastisch ausdrückt, das heißt in Form einer göttlichen Idee. Er manifestiert sich im spirituellen Raum, in einem Raum, der konkret und substanziell ist, insofern als er sich in substanzieller Objektivität verdichten kann, ganz gleichgültig, an welchem Punkt unseres materiellen Raumes der heilende und offenbare Akt des Geistes benötigt wird. Die Intention des Aktes, das sich verdichtende ideoplastische Bild und seine räumliche Substanzialität sind unauflöslich verbundene Faktoren im geistigen Akt selbst, und das erwartete Resultat der Ereignisse ist die Heilung oder Erweckung menschlicher Wesen, wenn sie sich mit dem Christuskörper oder irgendeiner ähnlichen Manifestation oder Offenbarung der harmonisierenden Kraft des Geistes konfrontiert sehen.

Notwendig wurde das Erscheinen Christi in seinem Auferstandenen Körper durch das einschneidende Bedürfnis seiner Schüler und der Zivilisation, der sie das Evangelium der Individualisierung und Verkörperung Gottes in einem vollkommenen Individuum der adamischen Rasse überbringen sollten. Dieses Evangelium enthielt die Geburt eines ungeheuren Zyklus menschlicher Evolution, in dem die Kraft der göttlichen Sohnschaft in einer Weise freigesetzt werden sollte, daß jeder Mensch, in dem der göttliche Same sich als Organismus individualisierten Geistes genügend entwickelt hatte, diese Kraft aufnehmen und dadurch verklärt werden konnte. Jeder Auferstandene Körper (jeder Adept oder Meister) ist eine Antwort auf ein Bedürfnis, das Bedürfnis der Menschheit als Ganzem oder eines ihrer Teile, mit dem das Auferstandene Individuum ganz besonders verbunden ist. Das alte Karma dieser Verbindung kann durch die Kraft vollkommener Liebe und höchsten Mitgefühls überwunden werden. Dieser Körper ist für jenen Menschen, der die plutonische Konfrontation mit dem angehäuften kollektiven Versagen der ganzen Menschheit überwand, das Fahrzeug seiner persönlichen Unsterblichkeit, ist aber auch eine überpersönliche Antwort auf dieses kollektive Versagen (dem Zustand der ›Hölle‹), dessen Schatten menschliche Wesen überall blendet.

Der Auferstandene Mensch ist durch den Zyklus, den seine Geburt auf der Erde als Person eröffnet hatte, nicht mehr gebunden. Er ist schließlich und endlich als Zentrum des Göttlichen emporgetaucht, als eine Quelle geistiger Aktivität, als ein ›Himmlischer‹, als ein Stern in der Konstellation der heiligen Gemeinschaft all Jener, die wie er dem großen Waisenkind der Menschheit dienen. Er wurde zum Bestandteil eines umfassenderen Zyklus, der sich mehr auf den ›Menschen‹ im allgemeinen, als auf ein individuelles Ego bezieht. Er hat den bewußten Tod seiner Kreuzigung zum Vorspiel des letztendlichen Eintritts (der Initiation) in das Reich des Göttlichen transformiert. Er hat aus einem Ende einen Anfang gemacht, einen Anfang, für den es kein Ende gibt. Denn wenn das Ende des neuen Zyklus näherrückt, kann es ein weiteres Mal zu einem größeren Anfang gemacht werden, und so geht es immer weiter, von einem Zyklus zu immer noch größeren Zyklen. Unsterblichkeit ist die Kraft, aus jedem bewußten und sinnvollen Ende den Anfang eines größeren Zyklus zu machen.

Jenseits des Planeten Pluto, der den Wächter an den Toren der Unsterblichkeit symbolisiert, können wir bereits die Gegenwart einer neuen Umlaufbahn erkennen. Ich habe vor langer Zeit den Namen Proserpina für den noch unbekannten Planeten vorgeschlagen, denn in diesem Namen liegt das Symbol aller Auferstehung verborgen. Und das Stadium jenseits von Pluto kann nur das der Auferstehung sein.

Auferstehung kann die unbewußte und vom Schicksal verordnete Rückkehr des Lebens in einem Rahmen des ›materiellen Raumes‹ und der irdischen Bindung sein, aber auch der bewußte, strahlende und heilsame Dienst des triumphierenden Christus an der Menschheit im ›spirituellen Raum‹ seines Auferstandenen Körpers. Im antiken Mythos von Proserpina (die in den griechischen eleusinischen Mysterien *Kore* heißt) kann man Hinweise auf beide Arten der Auferstehung finden. Die weitaus offensichtlichere Bedeutung allerdings läßt Proserpina als Symbol des immer neu geborenen Pflanzenlebens, des sogenannten Getreidegeistes erscheinen.

Es gibt kaum einen Zweifel, daß die Geschichte von der Entführung Proserpinas durch Pluto (dem Gott der Unterwelt) und von ihrer Rückkehr zur Oberfläche der Erde in ihrer frühesten Form eine mythologische Darstellung des jährlichen Zyklus der Vegetation in den gemäßigten Klimaregionen war. Während des alljährlichen Aufenthalts von Proserpina im Reiche des Pluto liegt das Leben der Pflanze im Samen, während der übrigen Monate des Jahres aber im Blatt, im Stengel, in der Blüte und Frucht. So erzählt die Geschichte also von dem unablässigen Rhythmus des Lebens in seinen Zuständen unter und über dem Horizont. Und im ganzen vitalistischen Stadium der menschlichen Kultur, das vor allem während des Stierzeitalters und in den großen landwirtschaftlichen Flußkulturen in Erscheinung tritt, war dieser alljährliche Lebensrhythmus, die Substanz der Fruchtbarkeitskulte, über die im letzten Jahrhundert viel geschrieben wurde, aber nicht immer mit viel Einsicht.

Dennoch enthält der Mythos zumindest in seinen späteren Versionen einige Züge, die auf einen tieferen und den Geist offenbarenden Sinn hinweisen, einen Sinn, der sich mit der Entwicklung spiritueller Individualität und dem bewußteren Aspekt des ›Abstiegs zur Hölle‹ befaßt. Charakteristisch ist dabei die Trennung des Proserpinazyklus in ein Drittel und zwei Drittel des Jahres, nicht aber in zwei Hälften, was astrologisch naheliegender wäre. Es könnte der Abwechslung zwischen der Samenperiode und der Blattperiode im Vegetationszyklus von fast tropischen Ländern entsprechen, bezieht sich aber zweifellos auch auf die Abfolge von Schlaf und Wachen (ein Drittel und zwei Drittel des täglichen Zyklus). Insofern stellt die Entführung Proserpinas durch Pluto auch den unbewußten Prozeß des Einschlafens dar, der, wie wir zuvor gesehen haben, zur Plutosymbolik gehört.

Proserpina pflückt in der Geschichte eine schwarze Narzisse, daraufhin öffnet sich die Erde, und Proserpina wird von Pluto entführt. Das ist höchst bedeutsam, denn die schwarze Narzisse symbolisiert das Schattenbild des Selbst, die dunkle Form der Psyche, die sich aus allen Ängsten und Frustrationen des Ego zusammensetzt. Es ist der Sog oder der ›Duft‹ dieser psychischen Mißerfolge, der das Ego zwingt, das individualisierte Bewußtsein loszulassen und seine Energien mit denen der gemeinsamen Menschlichkeit des Menschen zu mischen. Die Schwelle des Bewußtseins (die ›Erdoberfläche‹) öffnet sich, und Pluto zieht Proserpina in die Welt der Wurzeln und des zerfallenden Humus alter Zyklen, in das Reich instinktiver Erinnerungen und der Fesselung an die Vergangenheit.

Der Name Pluto kommt von einer griechischen Wurzel, die die Bedeutung von ›reich‹ hat. Dieser Gott herrscht über allen irdischen Reichtum, weil Reichtum das Produkt irdischer und von der Erde bestimmter Aktivität ist, und sein Reich, der Hades (das kollektive Unbewußte der Psychologie) ist die Lagerstätte der kollektiven Vergangenheit der Menschheit. Der Hades ist jedoch kein Ort der Folter (das wäre der Tartarus, der noch tiefer unter der Erde liegt), sondern ein Ort unbewußter Identifikation mit dem kollektiven Wurzelprinzip oder Substrat des menschlichen Bewußtseins (Proserpina ›heiratet‹ Pluto). Die Bewohner dieses Reiches wandern ziellos, also ohne wirkliche (das heißt schöpferische) Individualität und Sinnsetzung umher. So ist die menschliche Seele in diesem Zustand also undifferenziert und geisterhaft.

Aber aufgrund der flehentlichen Bitten von Proserpinas Mutter Demeter (der Großen Mutter und Göttin der fruchtbaren Erde) intervenieren die Himmelsgötter, und Proserpina darf zur Erdoberfläche zurückkehren, die nun wieder grün und fruchtbar wird, und es beginnt für sie der alternierende Zyklus über der Erde und unter der Erde. Wichtig ist hier, daß Demeters Bitten die bewußte Formulierung eines Bedürfnisses darstellen. Alles auf Erden braucht Proserpina und ihre lebensspendende Gegenwart. Die hohen Götter reagieren auf dieses Bedürfnis voller Mitgefühl für die Menschheit und die Erdmutter, die in ihrer Unfruchtbarkeit untröstlich ist.

Der ganze Prozeß wird dann zu einem sinnvollen Ritual (dem zentralen Ritual der eleusinischen Mysterien), in dem das individualisierte Bewußtsein die Erfahrung der gemeinsamen menschlichen Wurzeln assimiliert und dann aufersteht, weil es die tragische Not der Großen Mutter miterlebt, und weil es zudem durch den himmlischen Geist, die Vaterschaft des Himmels gerufen wird (Zeus-Jupiter, Proserpinas Vater).

Proserpinas zyklische Reise verweist selbst dann, wenn man sie mehr auf das Bewußtsein als auf die alljährliche Phasen der Vegetation bezieht, auf einen zwanghaften und nicht überlegten Prozeß. Proserpina pflückt die schwarze Narzisse, ohne sich im klaren darüber zu sein, was ihr widerfahren wird, und sie trägt keine lebendige Erinnerung an ihren himmlischen Vater zum Hades. Ganz im Gegensatz dazu nimmt Jesus im Falle des Christusmythos seine Kreuzigung in vollem Bewußtsein auf sich. Er kann es, *weil* er die Verklärung erlebt hat, weil der göttliche Same in ihm keimte, weil der Stern von ihm als ›innerer Himmel‹ erkannt wurde. Deshalb kann er seinen eigenen Himmel, seinen eigenen spirituellen Raum zur Hölle tragen... und durch die Levitationskraft seiner spirituellen Absicht in der Fülle seiner spirituellen Frucht, des Christuskörpers, auferstehen.

Der normale individuelle Mensch kehrt wie Proserpina im Mythos zur Erde zurück, und zwar aufgrund einer Kraft, über die er keine bewußte und individuelle Kontrolle hat. Er schläft ein und erwacht, er stirbt und wird wiedergeboren, aber dies alles geschieht unbewußt. Nur wer voll und ganz die Kraft der Gottessohnschaft in seinem verklärten Sein verwirklicht hat, wer nicht vor der Kreuzigung zurückgewichen ist, und wer seine Verantwortung gegenüber der Menschheit und dem zukünftigen Zeitalter auf sich genommen hat, kann mit Erfolg den Tod und den Abstieg zur Hölle erleben... in einem Bewußtsein, das durch die Gegenwart des

Sterns in seinem Inneren erleuchtet ist. Nur ein solcher Mensch kann im spirituellen Raum des inneren Himmels auferstehen und, wenn nötig, die Substanzialität dieses Raumes zu einem Auferstandenen Körper verdichten, der seinen Jüngern die Botschaft seiner Unsterblichkeit im Reiche der ›Himmlischen‹ mitteilen kann.

Die Himmelfahrt schließt den Prozeß des Übergangs vom kleineren zum größeren Zyklus mit ein. Sie symbolisiert die letztendliche Initiation in die spirituelle Bruderschaft, deren himmlische Darstellungsform jene Konstellation ist, in der der Stern des auferstandenen Individuums ein Zentrum von Licht und Kraft ist. Dort existiert Individualität noch immer, aber sie ist nun zu einer ›himmlischen‹ Individualität geworden... zur Einzigartigkeit des Sternes, der jetzt vielleicht eine Sonne ist, die Licht und Geist über Planeten und Myriaden von entstehenden Leben erstrahlen läßt.

Es heißt, daß es nach der Vollendung des Erleuchteten Weges verschiedene Wege gibt, die für die Söhne Gottes offen sind; einige davon führen ihn voll und ganz jenseits aller möglichen Kontakte mit unserer Menschheit. Symbolisch gesehen gibt es in gleicher Weise verschiedene Arten von Sternensystemen: Doppelsterne, Sternengruppen, Sonnensysteme und wahrscheinlich viele andere. Und dennoch kann jeder Stern, der Licht ausstrahlt (und es gibt eine unermeßliche Skala von Licht!) als ein verdichteter Kern jener schöpferischen göttlichen Potenz verstanden werden, die sich in alle Ewigkeit als Licht verströmt und differenziert. Für uns scheint diese schöpferische Potenz gewissermaßen jenseits oder hinter dem Raum zu liegen, da wir durch unsere Vorstellung vom Raum als Rahmen für die

Ausdehnung und Bewegung von Himmelsobjekten gebunden sind. Poeten und Mystiker aber haben Sterne und Sonnen als ›Löcher im Himmel‹ bezeichnet, durch die die schöpferischen Energien einer transzendenten Welt göttlicher Wesen hervorströmen, oder aber als Linsen, die die eine göttliche Potenz in einer Unendlichkeit von Richtungen bündeln und zu einer Vielzahl kosmischer Kräfte und Mächte differenzieren.

Aber dieses Konzept scheint noch immer einen statischen Charakter zu haben, es ist noch immer durch die Vorstellung von der Ausdehnung materieller Objekte geprägt. Gott ist nicht jenseits irgendeines unendlich weiten universellen Raumes oder jenseits eines dunklen Himmels, der ihn vor unseren sterblichen Augen verbirgt. Gott ist da, wo Er handelt, und Gott handelt überall, wo es Disharmonie und das Bedürfnis nach der Wiederherstellung des Gleichgewichts gibt. Spiritueller Raum ist überall dort, wo ein göttliches Zentrum agiert, es ist eine charakteristische Manifestation geistigen Handelns und diese Manifestation findet überall dort statt, wo es einen gegensätzlichen Bedarf dafür gibt. Deshalb ist in Bezug auf unseren materiellen Raum der ›Himmel‹ potentiell überall. Der Himmel ist eine Einheit, symbolisch gesprochen also ein ›Königreich‹. Der spirituelle Raum ist eine Einheit. Ein Geistesorganismus braucht sich nicht *durch* ihn zu bewegen. Der Geist erschafft ihn, wie das Bewußtsein Ideen und Bilder erschafft, die zwar keine materielle Ausdehnung haben, sich aber dennoch zu konkreten körperlichen Manifestationen kondensieren können, wenn das Bewußtsein vom Geist mit Energie geladen wird.

In diesem Sinne ist das Bewußtsein tatsächlich im wesentlichen eine Substanz des Geistes. Die assoziative

Kraft des menschlichen Intellekts, die auf der Wahrnehmung der Sinne verallgemeinert, ist eine schattenhafte, aber materiell bedeutsame Manifestation dieses kosmischen und harmonischen Bewußtseins, das die spirituelle Substanz des universellen Ganzen ist. Initation ist der Einbruch in dieses Reich ideospiritueller Substanzialität, es ist der Eintritt als bewußtes Individuum, das sich in seiner dauerhaften Identität etabliert hat. Symbolisch gesehen ist es deshalb der Aufstieg, die Himmelfahrt von Reich der irdischen Stofflichkeit zu dem der geistigen Substanz, von der disharmonischen Mentalität meist unbewußter, instinktgebundener und von Gefühlen beherrschter Menschen zum schöpferischen Bewußtsein göttlicher Harmonie. Und dort agieren verklärte Individuen als Zentren göttlichen Mitgefühls und Vermittler für die Freisetzung des immerzu harmonisierenden und heilenden Geistes in und dennoch jenseits aller Existenz.

Die Wolke, die den aufsteigenden Christuskörper umhüllt und vor der Wahrnehmung der Jünger verbirgt, ist jene immerzu bewegliche Bewußtseinsschwelle, die das Bewußtsein der göttlichen Harmonie von dem intellektueller und egobesessener menschlicher Wesen zu trennen scheint. Der Erleuchtete Weg ist eine Brücke zwischen diesen beiden Bewußtseinsreichen. Es ist der Weg des Lichtstrahls, der zu seiner göttlichen Quelle zurückkehrt, denn das Licht ist die Verbindung zwischen dem spirituellen und materiellen Raum... und bei Menschen ist der Weg dieses zurückkehrenden Lichtstrahls der Weg eines bedingungslosen Dienstes an der Harmonie, den er mit unbeugsamem Willen verfolgt.

Und in diesem Prozeß durchläuft der individuelle Mensch alle Stadien des Erleuchteten Weges. Daß diese Stadien den letzten ›Kreuzwegstationen‹ so ähnlich sind, bedeutet ganz einfach, daß das zukünftige Christindividuum immer inmitten einer Menschheit handeln muß, die noch immer von Gott entfremdet und durch ihre eigenen intellektuellen Leistungen verwirrt ist. Die Kreuzigung ist das Drama der Befreiung des geistorientierten Individuums vom *äußeren* kollektiven Bewußtsein seiner Gesellschaft. Die Auferstehung von der Hölle ist die Befreiung dieses Individuums von dem *inneren* Kollektiv der uralten menschlichen Erinnerungen an Angst und Versagen.

Somit wird das Christindividuum also frei... frei, um in Ewigkeit die Handlungen des Geistes im Sinne jener göttlichen ›Notwendigkeit‹ zu vollziehen, die die Essenz der absoluten Harmonie ist. Es ist frei, unermüdlich seine Beziehungen mit denen seiner Gefährten zu verbinden, die immerzu versuchen, die Wolke auf dem Berg der Himmelfahrt zu lüften. Dann können die Menschen in Wahrheit und Verständnis mit dem umfassenden Bewußtsein kommunizieren, dessen Quelle Gott ist, und dessen Substanzialität die immer gegenwärtigen Manifestationen all Jener mehrt und verkörpert, deren Erscheinungsform Licht ist, und deren Herzen im Einklang mit dem Rhythmus des göttlichen Sinnes schlagen.